SAMUEL STAMATEAS

LIDERA TU VIDA

CLAVES PARA LIBERAR TU PODER

LIDERA TU VIDA
es editado por
EDICIONES LEA S.A.
Av. Dorrego 330
Ciudad de Buenos Aires, Argentina.
E-mail: info@edicioneslea.com
Web: www.edicioneslea.com

ISBN: 978-987-718-575-1

Primera edición. Primera reimpresión. Impreso en Argentina.
Mayo de 2019. Arcángel Maggio - División Libros.

Stamateas, Samuel
   Lidera tu vida : claves para liberar tu poder / Samuel Stamateas. - 1a ed.
1a reimp - Ciudad Autónoma de Buenos Aires : Ediciones Lea, 2019.
   224 p. ; 23 x 15 cm.

   ISBN 978-987-718-575-1

   1. Liderazgo. 2. Coaching. 3. Superación Personal. I. Título.
   CDD 158.4

Para...

Ana y Jristos, mis padres.
Sus vidas me enseñaron valores.

María, Bernardo y Jari, mis hermanos.
Por celebrar conmigo cada logro.

Florencia, mi esposa.
Su organización simplifica mi vida.

Sofía y Santiago, mis hijos.
Verlos inspirar a otros alegra mi espíritu.

Teresa Genesin,
por animarme a profundizar en
las riquezas del Coaching y la PNL.

Ricardo Melo,
por fluir juntos en
la Escuela de Líder Coach Profesional.

Agradecimientos

A Carolina Di Bella,
por su trabajo impecable.

A Mario Rolando,
por su "quiero un libro tuyo".

A Ediciones Lea,
por su profesionalismo y calidez humana.

Prólogo

Tienes en tus manos un libro atemporal, personal, pensado exactamente para ti, en tu aquí y ahora, en este tiempo presente que vives, más allá de tu edad, sexo, circunstancia, trabajo, posición económica o situación en la vida.

Este es un libro que te acompañará como herramienta y como recurso, como inspiración y como recordatorio.

Cuando se nos revelan recursos ocultos o nuevos recursos, nos reencontramos con nuestra capacidad de *poder hacer*. Es entonces cuando descubrimos que podemos *liderar* nuestros pensamientos, nuestras emociones, nuestras acciones, nuestras conversaciones y así conseguir aquello que nos proponemos.

Este libro aspira a que identifiques:

* *Dónde te encuentras*: entorno;
* *Hacia dónde quieres ir*: metas;
* *Qué necesitas hacer*: conductas;
* *Qué necesitas conocer*: saberes;
* *Qué es importante*: valores;
* *Quién eres*: identidad;
* *Quién más se beneficia*: espiritualidad.

En otras palabras…

Este libro será tu compañero en el camino para liderar tu vida.

En sus páginas encontrarás articulados, valiéndose de un lenguaje sencillo y accesible y ejemplos concretos, *poderosos principios del liderazgo,* las mejores *herramientas del coaching* dentro de *una visión holística del ser humano.*

Por supuesto que este libro no será el que te transforme en un líder; tampoco lo hará un curso o una carrera de grado. Si bien el conocimiento es necesario, no resulta suficiente.

Un líder no nace cuando incorpora nuevos conocimientos en su mente. Un líder nace cuando se despierta pasión en su corazón. Este libro se pondrá en acción en la medida en que tú lo decidas. *Eres tú y solamente tú* el que puede convertir este libro en el punto de partida hacia el liderazgo de tu propia vida, en un texto de cabecera al que recurrir para inspirar en ti ideas clave que te sitúen en la dirección de tus propósitos y de tus sueños.

Confío que la lectura de estas páginas logrará abrir tu entendimiento a nuevas posibilidades y despertar tu pasión en tu corazón para alcanzarlas.

Lidera tu vida.

En las páginas que siguen te ofrezco las claves para liberar tu poder.

Capítulo 1

Lo que el espejo dice de mí

Para comenzar este capítulo, te propongo el siguiente ejercicio. Escribe en el espacio libre de abajo *cinco características* que consideras que posees. Cinco positivas y cinco negativas.

Características…
1.
2.
3.
4.
5.

Características…
1.
2.
3.
4.
5.

¿Por cuáles características has comenzado? ¿Por las positivas o por las negativas? ¿Cuáles te resultaron más difíciles para escribir?

Lo que has escrito acerca de ti mismo constituye lo que podríamos denominar tu *Identidad Privada*. Cuando hablamos de *Identidad* nos referimos al conjunto de rasgos propios, aquellos que nos pertenecen. ¿Pero por qué la calificamos como *Privada*? Porque es la imagen que tú tienes de ti mismo. En sentido contrario, la *Identidad Pública* señala la imagen que los demás tienen de ti. Como suele repetir una conocida conductora televisiva: "*Como te ven* (Identidad Pública) *te tratan…*". El paso previo radica en reconocer que "*como me veo* (Identidad Privada) *me ven… y como me ven, me tratan*".

Las características que escribiste son adjetivos con los que te reconoces. No son ni buenas ni malas, solamente las llamamos positivas o negativas. Cuando hablamos de *positivas*, pensamos en *posibilidades*. Y cuando hablamos de *negativas*, pensamos en *limitaciones* (las consideramos *limitantes* porque nos cierran posibilidades).

Con estas características nos describimos. Pero existe una interconexión entre *describir* e *interpretar*:

- *Describir* implica representar con detalles las cualidades o características de algo.
- Por su parte, *interpretar* significa expresar de un modo personal la realidad.

Una pregunta que nos sirve de ayuda para describirnos es "*¿Sobre qué te basas para decir esto de ti mismo?*". Es decir, buscar datos que corroboren o nieguen esta valoración. Si la respuesta es otra interpretación, entonces no funciona. Por ejemplo: *"Soy comprensivo porque soy bueno"*; en este caso ambos datos son interpretaciones.

Volvamos ahora al listado del comienzo. Elige dos características positivas y dos negativas y respóndete: *¿sobre qué te basas para decir esto?, ¿podrías darte un ejemplo?*

El propósito del ejercicio inicial es tomar conciencia de lo que piensas acerca de ti mismo, porque la Identidad Privada puede ser rediseñada. Puedes mirarte al espejo y verte en construcción. ¡Estamos en proceso! ¡Qué tranquilidad y alivio nos produce reconocerlo!

Ahora regresa nuevamente al listado y reemplaza en las características negativas que comienzan con *"soy"* por *"tengo"* y vuelve a leerlas.

¿Cambia, no? Si esos aspectos que no nos gustan de nosotros, que consideramos que no nos ayudan en nuestros proyectos, los relacionamos con nuestra identidad (*soy torpe, soy lento*, etc.) se nos dificultará modificarlos. Pero si decimos *"tengo momentos de torpeza, tengo acciones que hago lentamente"*, entonces podremos pensar que si las tenemos, también podremos no tenerlas. Solo es cuestión de trabajar en ello y construir las acciones necesarias.

Recuerda:
Identidad Privada: lo que yo digo de mí mismo.
Identidad Pública: lo que los demás dicen de mí.

La Identidad Privada puede ser rediseñada.

¿A cuál de las dos identidades les otorgas mayor importancia?

¿Cuánta importancia le das a tu propia palabra?

¿Cuánta importancia le das a la palabra de tu familia, de tus amigos?

Lo que los demás piensen de mí, es un asunto de ellos. Lo que yo pienso de mí, es un asunto mío.

A la *Identidad Privada* también se la conoce como *estima*. Nuestra estima es el capital más importante que tenemos. La estima se va construyendo fundamentalmente con el *modelo familiar*, con las *voces externas,* que terminan transformándose en voces internas, con *nuestras experiencias y sentimientos*, con *nuestro sistema de creencias.*

Veamos:

- **Modelo Familiar**: las palabras de nuestros padres han quedado grabadas en nuestra mente. *¿Qué nos decían cuando no nos portábamos bien? ¿Qué nos decían cuando nos equivocábamos?*
- **Voces externas**: la estima no se construye desde afuera: *"Reconóceme… ¿cómo estuve? ¿Me nombraron?"*. Cuando empezamos a hablar bien de nosotros mismos, entonces dejamos de esperar que el reconocimiento venga de afuera y podemos construirlo.

Nuestra estima es el capital más importante que tenemos.

> **Toda creencia, una vez establecida, tiene como función única y exclusiva perpetuarse.**

- **Experiencias y sentimientos**: si hago algo y me sale bien, me reconozco. *La acción mata al juicio.* Hay que tener mucho cuidado con la montaña rusa afectiva que nos predispone a emitir juicios según el estado emocional predominante, según cómo nos sentimos.
- **Creencias**: son un estado de la mente que postulan algo como verdadero: *no puedo* (no puedes); *no me tienen en cuenta* (no te tienen en cuenta). Hay que estar muy atentos ya que toda creencia, una vez establecida, tiene como función única y exclusiva perpetuarse.

Podemos desarrollar una buena autoestima en algunas áreas y en otras no; por ejemplo, podemos calificarnos con un 10 en relaciones sociales, pero con un 5 en ahorro. Una buena estima no es igual a una autoestima elevada: *"Dime de qué te pavoneas y te diré de qué careces".* No existe *mucha estima*, todo lo contrario, el exceso demuestra ausencia de estima. *"Acá estoy yo, miren lo que logré"* es una expresión propia de alguien que se siente menos y que necesita esta compensación

> **A veces detrás de la humildad hay un soberbio escondido.**

extra. Todos necesitamos cierta dosis de narcisismo bási-
co, pero si este es exagerado, solo es una señal de inseguridad. A veces detrás de la humildad hay un soberbio
escondido. El celoso, el agresivo, el chismoso, son gente
de baja autoestima. En cambio, las personas con buena
autoestima se aman y saben amar, se respetan y son respetadas, son ambiciosas sin ser codiciosas, son seguras
sin ser dominantes.

Estas son algunas ideas clave que te ayudarán en el
camino de la buena estima:

- Valgo por ser, no por hacer ni por tener.
- No valgo por lo que hago, porque el día en que no
  pueda hacerlo, ¿dejaré de tener valor personal?
- No valgo por lo que tengo, porque el día que pierda
  algo, ¿perderé también mi valor personal?
- No valgo por lo que sé, porque si sufriera de amnesia, ¿dejaría de valer?

Entonces: **¡Valgo por quien soy!**

Creer que valemos por lo que hacemos, por lo que tenemos o por lo que sabemos, es un mito. Tener una determinada posición económica, un título, un apellido, o cosas

---

**Las personas con buena autoestima se
aman y saben amar, se respetan y son
respetadas, son ambiciosas sin ser codiciosas,
son seguras sin ser dominantes.**

materiales nos genera una sensación ilusoria de seguridad. Sin embargo, el auténtico valor surge de nuestra humanidad única y especial.

Valgo por ser un ser humano único y especial.

Es importante eliminar de nuestro disco duro mental los pensamientos limitantes y comenzar a hablar de manera positiva acerca de nosotros mismos. En lugar de los acostumbrados *si yo hubiera*: *"si yo hubiera estudiado"*, *"si yo hubiera ahorrado"*, *"si yo hubiera viajado"*, podemos emplear *voy a*: *"voy a estudiar"*, *"voy a ahorrar"*, *"voy a viajar"*. En lugar de los usuales *no puedo*: *"no puedo estudiar"*, *"no puedo ahorrar"*, *"no puedo viajar"*, utilicemos la expresión *encontraré*: *"encontraré la forma de estudiar"*, *"encontraré la forma de ahorrar"*, *"encontraré la manera de viajar"*. En lugar de decir *me encantaría*: *"me encantaría estudiar"*, *"me encantaría ahorrar"*, *"me encantaría viajar"*, podemos probar con el *me gusta*: *"me gusta estudiar"*, *"me gusta ahorrar"*, *"me gusta viajar"*.

Así que, a partir de ahora, reemplaza:
• si yo hubiera **por** voy a;
• no puedo **por** encontraré;
• me encantaría **por** me gusta.

Cuando reemplazamos pensamientos limitantes por pensamientos positivos, de fe, comenzamos a vivir de manera positiva.
La gente de estima sana, habla bien de su pasado, de su presente y de su futuro.

> **Todas las cosas por las que no podamos estar agradecidos se convierten en una carga para nuestras vidas.**

Hay personas que lo ven todo mal. Cuando hablan de su pasado afirman *"no tuve suerte"*, *"nací en el lugar incorrecto"*. Cuando se refieren a su presente dicen *"cómo me cuesta concentrarme"*, *"las cosas no me salen como quiero"*. Y cuando hablan de su futuro expresan: *"esto se pone cada vez peor"*.

Si miramos hacia atrás y no somos capaces de encontrar algo por lo que agradecer, no estamos observando detenidamente. Todas las cosas por las que no podamos estar agradecidos se convierten en una carga para nuestras vidas. El pasado no puede ser cambiado o modificado. Lo que pasó, aunque suene a lugar común, ciertamente ya pasó. Nuestro trabajo, aquello que sí podemos hacer, es *resignificarlo,* darle un nuevo sentido. Ser capaces de encontrar algo positivo en algo negativo pone de manifiesto nuestra grandeza.

Una vez le preguntaron a una persona que estaba con una amplia sonrisa en los labios: *"¿Por qué estás tan feliz hoy?"*. Y esta respondió: *"Porque nunca había vivido este día antes"*. **La persona de estima sana vive**

> **Ser capaces de encontrar algo positivo en algo negativo pone de manifiesto nuestra grandeza.**

> **No se trata de sobresalir entre**
> **el resto de la gente, se trata de**
> **sobresalir ante nosotros mismos.**

el aquí y el ahora en plenitud y mira el futuro no como algo que la preocupa, sino como algo que la ocupa.

La gente de estima sana no se compara con nadie. Si miramos obsesivamente al otro solo lograremos potenciar nuestras limitaciones. No te compares con los demás, compárate con quién eras ayer. No se trata de sobresalir entre el resto de la gente, se trata de sobresalir ante nosotros mismos.

La gente de estima sana hace oídos sordos a la gente equivocada. Una ranita cayó a un pozo y las demás ranitas, desde arriba, le gritaban: *"No vas a poder salir, no vas a poder salir... es muy alto"*. Pero ella solo se dedicaba a saltar y saltar y, después de muchos intentos, logró salir. Cuando las demás ranitas le preguntaron cómo lo había logrado, la ranita respondió con señas: *"Soy sordomuda"*.

La capacidad de no prestar nuestra escucha a las discusiones proviene de la paz interior que hemos sido capaces de edificar.

> **La gente de estima sana se da**
> **permiso para equivocarse.**

La gente de estima sana se da permiso para equivocarse. Acepta que hay cosas que sabe y cosas que no sabe; cosas que le salen bien, cosas que le salen regular y cosas que le salen mal. El pez sabe nadar, pero no sabe trepar; el mono sabe trepar pero no sabe nadar y el pato sabe nadar y volar, pero ninguna de las dos le sale bien, aunque por lo menos sabe hacer las dos. **Nadie sabe todo**. La gente de estima sana sabe procesar sus equivocaciones. Aceptar los errores es señal de una conciencia exitosa y de buena estima. Cometer un error no nos convierte en ese error. Es importante que cambiemos la conocida expresión *"¡Soy un tonto!"* por *"Cometí una tontería"*. El error debe oficiar de maestro y no de sepulturero. Hay vida después del error, por lo tanto tenemos la capacidad natural de reírnos de nuestros errores.

Las personas con una estima sana hacen periódicamente su *Inventario de Logros*. Esto significa que cuando sobreviene el desánimo tienen la posibilidad de detenerse. Tomarse un momento y observar cuánto han cambiado, hasta dónde han llegado, cuánto han logrado… Sin duda, si lo hacemos, al enumerar las respuestas nos llevaremos una sorpresa agradable y estimulante.

Por lo tanto, *lleva un registro de tus logros*: cuadros en la pared, medallas, diplomas, etc. Al listarlos, al mirarlos, al hablarlos, los volverás conscientes y presentes. Es importante, además, celebrar luego de cada logro, premiarse

---

Aceptar los errores es señal de una conciencia exitosa y de buena estima.

> **Todo lo grande comenzó siendo al principio pequeño.**

con algo como una cena, un brindis, un libro. También divulgarlo: llamar a los amigos, compartirlo con los seres queridos. Aceptar los halagos, permitir que nos hablen bien de nuestros logros, forma parte de la celebración y la premiación por haberlo conseguido.

Las personas de estima sana se esfuerzan por seguir mejorándose. Pero se esfuerzan, lo que no significa que se sacrifican. Sacrificio nos da la idea de inmolación. En cambio, esfuerzo nos da la idea de energía, de voluntad, de carácter.

Mira en ti mismo y observa aquellos aspectos con los que no estés satisfecho. Establece las metas a lograr y los pasos necesarios para hacerlo... ¡y comienza! Un paso a la vez. Todo lo grande comenzó siendo al principio pequeño. Cuentan que unos obreros trabajaban a reglamento y el capataz esperaba que sus hombres trabajaran apasionados como él. *"Vamos jefe, no se apure, Roma no se construyó en un día"*, le decían. *"Sí, pero yo no era el capataz de esa obra"*, respondió el capataz.

Transfórmate en el capataz de tu propia obra.

La felicidad no es algo externo pendiente de ser conquistado.
La felicidad es tu poder, reside en ti.
Solo se trata de liberarla.

Claves para liberar tu poder

- **Identidad Privada**

Vuelve a leer las cinco características positivas y las cinco negativas que has escrito al comienzo de este capítulo.

Recuerda que son **juicios**, es decir que no describen la realidad, no son ni verdaderos ni falsos. Te describiste de esa manera de acuerdo al tipo de observador que estabas siendo en ese momento.

Vuelve a leerlas pero ahora deteniéndote en cada una de ellas.

¿Cómo se siente tu cuerpo mientras las lees?

¿Sientes alguna tensión o manifestación corporal?

¿Qué nuevas acciones puedes generar en cada una de ellas?

¿Qué resultados obtendrás?

- **Identidad Pública**

Elige tres personas de tu ámbito familiar y tres personas de tu ámbito laboral y manifiéstales que quieres conocer las opiniones que ellos tienen acerca de ti. Para esto, pídeles que te den por escrito cinco características negativas y cinco positivas y que especifiquen también por qué eligieron esos juicios.

Cuando los recibas, léelos detenidamente y luego respóndete:

¿Qué aspectos conocidos y desconocidos te muestran de ti mismo?

¿Qué acciones vincularon ellos con esos juicios?

¿Qué puedes aprender de esta lectura?

¿Qué acciones puedes emprender para modificar los juicios que te hicieron, y en los que tú coincides porque ya no te gustan?

Si alguna de las opiniones no te hace sentir bien, mantén una conversación con esa persona y pídele que te dé más fundamentos sobre ese juicio.

Capítulo 2

Hoy decido decidir

Toda nuestra vida se compone de decisiones y se di-seña a través de las decisiones que tomamos. Algunas son rutinarias: el desayuno, la vestimenta que usaremos, el camino para ir al trabajo. Otras nos exigen que las meditemos seriamente ya que sus consecuencias son mayores, pueden afectar nuestro presente (nuestra salud, trabajo, agenda, relaciones) y nuestro futuro (decido contraer una deuda, hipotecar mi casa, viajar al exterior a probar suerte). Por eso decimos que decidir es un gran poder.

¿Qué es la libertad sino la capacidad de decidir?

¿Qué es la madurez sino la aceptación de las consecuencias de nuestras decisiones?

> **Decidir es un gran poder.**

Decidir es poner fin a un estado para iniciar otro.

Cuando éramos pequeños la mayoría de las decisiones fueron tomadas por nuestros padres. Quizás algunas de ellas no fueron las correctas, pero hoy nuestra primera elección será no estar lamentándonos por lo que ellos hicieron o no hicieron. *No podemos detenernos en el pasado*. No somos responsables de lo que sucedió, pero sí de lo que hagamos con lo que nos sucedió. Esto también sirve para el presente: quizá no soy responsable de lo que me está pasando, pero sí soy responsable de lo que haga con lo que me está pasando.

¿Te gustaría tener el poder de elegir, cada mañana al levantarte, el clima? ¿O de poder elegir el tránsito cuando estás yendo al trabajo? Nos gustaría poder hacerlo, pero no disponemos de ese poder. No lo tenemos. Pero tenemos otro que es el de elegir cómo vamos a responder. ¿Llueve? Elijo ponerme botas, piloto; elijo si llevo conmigo o no paraguas. ¿Hay tránsito? Elijo escuchar el informativo o un audiolibro, o me pongo a cantar.

Estas aparentes pequeñas decisiones que tomamos frente a las situaciones ante las que no tenemos poder son las que determinan nuestra calidad de vida.

Mis decisiones hablan de quién soy yo.

A veces, la toma de decisiones se parece a una guerra civil interior. Debemos recordar que la libertad es la capacidad de vivir haciéndonos cargo de las consecuencias de nuestras decisiones.

¿Qué debo tener en cuenta para tomar buenas decisiones?

- *Voy a tomarme mi tiempo.*

No te apures. Es mejor sentirse incómodo hoy pero tranquilo mañana. Tampoco dejes que te apuren: *"Déjame una seña porque vas a perder esta oportunidad"*. Cuando esto sucede, vale la pena preguntarse: *¿estoy decidiendo yo o los demás?, ¿me acerca a mi futuro o me aleja de él?, ¿guarda relación con mis valores?, ¿puedo contárselo a mis hijos?, ¿mañana me dará orgullo o me traerá culpa?, ¿estoy decidiendo desde el amor o desde el temor?, ¿decido por lo que quiero o por lo que no quiero?.*

- *No voy a decidir bajo emociones intensas.*

Mis decisiones deben ser una respuesta y no una reacción. Las emociones son el vehículo a través del cual el gozo o el dolor se comunican. No me apuro, porque siento una gran alegría de invitar a esa persona a vivir en mi casa mientras consigue vivienda... No me apuro, porque siento un gran dolor en separarme. Que mis emociones tengan voz, pero no voto.

La libertad es la capacidad de vivir haciéndonos cargo de las consecuencias de nuestras decisiones.

> **Cuando dejo que otros decidan solo estoy mostrando una autoestima devaluada.**

- *No esperaré el momento perfecto para decidir.*

El filósofo griego Heráclito sostenía: *"El hombre que pretende ver todo con claridad, nunca decide"*. En realidad, **no decidir ya es decidir**. Mal o bien, voy a decidir, porque si no lo hago yo, alguien lo hará por mí. Si voy a un restaurante y no decido qué quiero cenar, será el camarero quien elija mi comida. Si no le digo al taxista qué camino tomar, será él quien decida la ruta. Cuando dejo que otros decidan solo estoy mostrando una autoestima devaluada. Si decido y no sale como quería, aprendo una lección, olvido los detalles y sigo adelante.

A veces nos sentimos presionados, cargados; sentimos que nadie nos entiende, ni nuestra familia, ni nuestros amigos. Y puede ser cierto. Es el momento para preguntarnos *¿qué cuento?* Esto nos permitirá escuchar lo que cuento de lo que me pasa. Escuchar si estoy hablando como víctima: *"me falló"*, *"me dejó"*, *"no me reconoce"*, *"me ninguneó"*. El pensamiento de víctima da por sentado que lo que sucede en nuestra vida proviene del afuera. Y al mirar afuera, dejamos de mirar adentro, que es donde se halla nuestro potencial y nuestra salida. Al contar como víctima lo que me pasa, dejo de pensar en lo que puedo hacer con lo que me pasa. Y de esta manera, mientras sumamos más y más preocupación, perdemos el gozo.

> **Al mirar afuera, dejamos de mirar adentro, que es donde se halla nuestro potencial y nuestra salida.**

Yo decido lo que pienso. Como tengo el poder de decidir lo que voy a pensar, me pregunto: *¿esto que estoy pensando, me sirve o no me sirve?* Si no me sirve, *¿para qué lo sigo sosteniendo?* Todo ser humano se dirige siempre en dirección de su pensamiento más dominante: si yo pienso salud, voy camino a mi salud; si pienso enfermedad, voy camino al cementerio.

Es importante que te digas *"Voy a hacer lo que pueda hacer"*. Siempre hay algo que podemos hacer. No nos enfoquemos en lo que no sabemos o en lo que no tenemos. Si nuestras acciones son tomadas con fe, entonces serán semillas que estaremos sembrando. Cada paso que damos es importante, pero el primero es fundamental. Si damos un paso, y después el otro, nuestra confianza irá en aumento y antes de darnos cuenta, tendremos aquello que estamos buscando.

Algunas decisiones que nos permiten sentirnos felices cada día:

> **Si nuestras acciones son tomadas con fe, entonces serán semillas que estaremos sembrando.**

- *Hoy decido asumir la responsabilidad sobre mi vida.* Me hago cargo de mí. No culpo a los demás por lo que me pasó (mis padres, mi familia, mi expareja). Nada de culpar a los demás por lo que nos pasa hoy. Nada de culparnos a nosotros mismos. Nada de estar esperando a que alguien nos llame, nos felicite o nos ponga un "me gusta" en facebook o en instagram.

- *Hoy decido tener la actitud correcta.* Cada día tenemos infinidad de situaciones para despertar emociones negativas como la preocupación, el enojo, la ira. Ya sea porque el automóvil se quedó sin batería, porque el tránsito nos retrasa, por la lluvia que nos molesta. Pero no se trata de lo que pasa afuera, lo que importa es lo que sucede adentro de cada uno de nosotros. Con la actitud correcta, cualquier inconveniente se puede transformar en oportunidad. Las preocupaciones son como una silla mecedora: nos hamacan, pero no nos llevan a ningún lado. Por el contrario, nos roban la paz, la fe y el gozo. A veces perpetuamos las preocupaciones porque no nos animamos a pedir ayuda. Aprender a no ceder ante la preocupación es un aprendizaje, y como tal se va realizando día a día. En lugar de pensar *"No puedo"*, elige pensar *"Sí puedo"*; en lugar de pensar *"No va a funcionar"*, elige pensar *"¿Y si funciona?"*. Deja de preocuparte por los miedos que te hablan al oído. Esconderlos te volverán cobarde; en cambio, aceptarlos, te convertirán en valiente.

- *Hoy decido hacer sencillas las cosas.* Que las responsabilidades que tenemos no nos impidan hacer las cosas que nos gustan. Hay gente que no ha experimentado la sensación de tomar un café y relajarse. Parafraseando aquella famosa canción, hay gente que *"se olvidó de vivir"*. Se trata de personas que trabajan y trabajan tanto que han dejado de divertirse desde hace mucho tiempo. Es cierto que el trabajo es importante, pero no hay que perder de vista que nuestra vida es más que el trabajo. Deja de esperar el tan acostumbrado *"cuándo..."* para ser feliz: *"cuando me sane"*, *"cuando prospere"*, *"cuando tenga novio"*, *"cuando gane más"*. La vida se disfruta ahora, no *"cuando..."*.

- *Hoy decido ser agradecido.* Deja de concentrarte en lo que no tienes, en lo que te falta. La gratitud nace de un corazón que sabe lo que tiene. Ser agradecido es un hábito que se aprende y desarrolla. Decir *gracias* es tan beneficioso para el que lo recibe como para el que lo da. Es imposible estar amargado o triste si estamos dando gracias por las cosas más pequeñas.

Todos queremos triunfar en la vida. Que nos vaya bien. Pero no todos estamos dispuestos a tomar las

---

**La gratitud nace de un corazón
que sabe lo que tiene.**

decisiones necesarias para comenzar a transitar este camino. *Resulta una auténtica locura querer obtener resultados diferentes haciendo las mismas cosas que ya se hicieron.* Es evidente entonces que cuando quieras conseguir algo que nunca tuviste, deberás hacer algo que nunca hiciste. Para que algo cambie en tu mundo –exterior o interior– alguien debe empezar a actuar diferente. Y ese alguien eres tú. **Decides cambiar. Decides ser transformado.**

Los cambios no son solo una parte de la vida.
Los cambios son un requisito para la vida.

Algunos cambios se producen naturalmente, pero otros no. Algunos cambios surgen de nuestras decisiones, pero otros –una traición, una enfermedad–, no. Si procesamos correctamente esos cambios, crecemos, nos superamos, alcanzamos metas. Si los procesamos incorrectamente, nos estancamos y perdemos oportunidades. No aceptar los cambios nos estanca en lo que debería ser nuestro pasado. Alguna gente evita los cambios, deja pasar el tiempo y *deja para después* la toma de decisiones; otra, argumenta que las cosas se arreglarán solas, como por arte y obra del paso del tiempo, y que el momento no justifica cambiar nada, etc. Sin embargo, nada cambia si no cambiamos nada.

> **Cuando quieras conseguir algo que nunca tuviste, deberás hacer algo que nunca hiciste.**

Estas son algunas excusas que postergan el cambio:

- *"Más adelante"*. Esta excusa nos provoca alivio. Sin embargo, es importante encontrar la manera de desbaratarla. **¿Cómo?** Preguntándonos: *¿Qué nos impide decidir hoy?* (y es *"qué"*, no *"quién"*, porque somos los responsables). ¿Qué estamos esperando que suceda? ¿Depende de nosotros? Si no depende de nosotros, ¿qué parte depende de nosotros sobre la que podemos decidir? Si no estamos esperando nada, ¿qué estamos esperando? Entonces, es momento de establecer una fecha concreta y respondernos ¿cuándo será?

- *"Tengo miedo"*. Es otra excusa habitual. Es preferible que nos equivoquemos por ensayar distintos caminos para alcanzar nuestras metas, que no actuar por temor a equivocarnos. Claro que los cambios asustan, pero asusta más lamentarse luego por no haberlo hecho.

- *"Cambiar duele"*. Por supuesto, el dolor duele, pero no siempre es negativo. Hay cosas que hacemos hoy que nos provocan algún grado de incomodidad, pero que nos darán una satisfacción futura. A veces, el dolor es un paso obligatorio, pero el sufrimiento es opcional. Porque *hay diferencia entre sufrir con*

> **Sin embargo, nada cambia si no cambiamos nada.**

propósito y sufrir sin razón. Si te arreglan una caries que te molestaba seguramente te provoque dolor, aunque no será un dolor negativo, ya que es necesario atravesarlo para recuperar tu bienestar. Enfrentar la realidad no es una experiencia dañina, aun cuando pueda representarnos dolor.

Para algunas personas los procesos de cambio requieren primero analizar, pensar y luego, mucho después, cambiar. Entonces, frente a los cambios que se proponen dedican horas y energía a analizar, a pensar y, finalmente, **¡no cambian!** Es posible que esto suceda por falta de entendimiento, aunque no siempre se trata de un tema de comprensión. En el fondo, sostienen hábitos que saben que las perjudican, pero no los cambian. Esta es la diferencia entre saber que hay que cambiar y estar decididos a cambiar.

El famoso psicólogo Jonathan Haidt desarrolló *la analogía entre el Jinete y el Elefante.* Según propone, en nuestro cerebro conviven dos sistemas que, aunque independientes, funcionan simultáneamente y se relacionan e influyen entre sí. Por un lado, tenemos una parte emocional (instintiva, subconsciente, la que siente placer o dolor, que se mueve por emociones) y una parte racional (consciente, que reflexiona y analiza). Haidt se refirió a la parte emocional como el Elefante

> **A veces, el dolor es un paso obligatorio, pero el sufrimiento es opcional.**

y a la parte racional como el Jinete. El Elefante es grande, fuerte e impulsivo; por su lado, el Jinete es pequeño, débil en comparación con el primero, pero razona. El Elefante es perezoso, caprichoso, mientras que el Jinete es pensador y planificador. El Elefante prefiere la gratificación inmediata, y el Jinete piensa a largo plazo. El Elefante aporta la energía, y el Jinete, la planificación y la dirección. El Jinete, por su inteligencia, se sienta en el lomo del Elefante y sujeta las riendas para dirigirlo. *Cuando estos dos sistemas, el Elefante y el Jinete, miran hacia el mismo lado, y caminan en la misma dirección, todo funciona de maravilla.* El Jinete aporta planificación y dirección, el Elefante aporta motivación y energía. **Se trata del camino del cambio**. Sin embargo, los inconvenientes surgen cuando el Elefante y el Jinete tiran cada cual para su lado. Entonces, si estamos haciendo dieta, el Jinete nos lo recuerda, pero el Elefante nos empuja hacia la heladera. El Jinete nos recuerda que hoy debemos ir al gimnasio, pero el Elefante nos dice *"hace mucho frío y la cama está calentita"*.

¿Qué significa esto? Que si queremos que las cosas cambien, debemos apelar a ambos en simultáneo y en acuerdo. Si llegamos al Jinete pero no al Elefante, tendremos comprensión pero no motivación. Si llegamos al Elefante pero no al Jinete, tendremos pasión sin dirección. Esta analogía también demuestra que no es suficiente con mentalizarnos, ya que no siempre podemos confiar en nuestra manera de pensar como único recurso para decidir un cambio. El Jinete tiene un inconveniente y su tendencia es dar demasiadas vueltas. Por eso, mucha gente sufre de *parálisis por análisis*: analiza y, analiza y analiza, pero nunca toma decisiones. Para evitar esto, es preciso entregarle un guion al Jinete, mostrarle una imagen de aquello que queremos lograr. De esta forma, pasaremos de *analizar-pensar-cambiar* a *ver-sentir-cambiar*. Le daremos motivación a nuestro Elefante hablándole con el lenguaje del Jinete.

Llegamos aquí a un concepto importante: *visualizar*. Esta acción nos permite que nuestras imágenes mentales se conviertan en nuestra realidad, afectando nuestros pensamientos y nuestra manera de vivir. Es clave visualizar lo que quiero ser, hacer y tener ya que esto me acerca a mis objetivos. Visualizar es adelantar la película que hemos decidido filmar y de la que somos directores y protagonistas principales. Visualizar es lograr que el futuro se vea tan real en nuestra mente como la propia vida real. Visualizar nos pone en movimiento y nos pregunta: *¿qué cambios debemos poner en marcha para llegar a ese futuro de la imagen?* Como afirma el Dr. Daniel López Rosetti, jefe del servicio de medicina del estrés en el Hospital Central de San Isidro, *"un proyecto personal es una herramienta anti estrés fundamental"*. Cada vez que deseemos avanzar, deberemos soltar algo, terminar con algo, dejarlo atrás. Si quieres traer un nuevo sillón a tu casa, deberás decidir qué harás con el viejo sillón. Cada vez que quieras algo nuevo en tu vida, deberás crear el espacio necesario para incorporarlo.

> **Es clave visualizar lo que quiero ser, hacer y tener ya que esto me acerca a mis objetivos.**

> **Cada vez que quieras algo nuevo
> en tu vida, deberás crear el espacio
> necesario para incorporarlo.**

Recuerda las siguientes consignas:

Voy a despejar mi vida…

• **De los pensamientos complicados**.

Simplifica tu manera de pensar. Tu vida está aquí y ahora. *Evalúa si tienes un exceso de pasado o de futuro.* Mapa no es territorio. ¿Qué mapa mental te está impidiendo realizar los cambios necesarios? Los pensamientos no se eliminan, se reemplazan. *¿Qué pensamiento me está frenando? Voy a reemplazarlo por...*

• **De hablar improductivamente**.

En lugar de quejarte, pide. Si te hablan mal, infórmalo: *"¿Te das cuenta de que me estás gritando?"*. Pide: *"Por favor, háblame más suave"*. Exige: *"Deja de gritarme ahora mismo"*. Habla con un propósito y reemplaza las preguntas

> **Los pensamientos no se
> eliminan, se reemplazan.**

**Habla con un propósito y reemplaza
las preguntas que te dejan en
una posición de víctima.**

---

que te dejan en una posición de víctima como: *"¿Por qué a mí?"*, *"¿Qué hice para merecer esto?"*, por preguntas que te devuelvan una posición de protagonista: *"¿Qué puedo aprender de esta situación?"*, *"Ya que no es mucho lo que depende de mí, ¿cómo puedo capitalizar este momento difícil a mi favor?*

- **De la falta de límites**.

Debes expresar sin culpa *"Sí"* y *"No"*. Como se trata de un aprendizaje, es conveniente que lo practiques. Esta semana dile *"No"* por lo menos a dos cosas sencillas que no quieras hacer: ir al supermercado, barrer, ayudar en una mudanza, etc. Explica los motivos de manera amable, mencionando que dices *"No"* a la tarea que se te pide y no a la persona. Saber decir *"Sí"* y *"No"* nos permite vivir sin distracciones.

- **De la gente incorrecta**.

Perseverar en las relaciones incorrectas anula nuestro potencial para el éxito y el bienestar. Hay gente que está esperando acercarse a tu vida pero no lo hace porque primero es necesario que la gente equivocada se retire. El riesgo de que nos vaya mal aumenta cuando nos rodeamos de gente que nos obstaculiza.

> **Perseverar en las relaciones incorrectas anula nuestro potencial para el éxito y el bienestar.**

Un joven mosquito salió volando por primera vez en su vida. Cuando regresó, el padre le preguntó: *"¿Qué tal estuvo por ahí y cómo te sentiste?"*. El joven mosquito respondió: *"¡Fue genial, papá! Todo el mundo estaba aplaudiéndome"*. A lo que el padre dijo: *"Nadie estaba aplaudiéndote... ¡Todos querían matarte! Cuanto más aplaudían, ¡mayor era el riesgo para ti!"*.

¿Qué quiero decirte con esto?

Que en la vida no todos los que te aplauden te desean el bien.

Claves para liberar tu poder

Recuerda que:

• Las **decisiones** son un proceso mediante el cual se realiza una elección entre diferentes **opciones**:

Víctima		Protagonista
Espectador de la realidad		Actor de la realidad
Reacción		Elige la respuesta
Espera que algo pase	*Versus*	Acciona para que algo pase
Creencia de limitación		Creencia de poder
"No puedo",		"Encontraré la forma"
"No es posible"		"Es posible"

Tu manera de experimentar la vida dependerá de la opción que elijas.

¿Qué cuentas?
• Lo que cuento es aquello que me digo explicándome **quién soy, lo que sucede** y **lo que hago o no hago en el mundo.**
• Las **conversaciones generativas** nos permiten **cambiar la percepción** que tenemos de nosotros mismos, de lo que nos contamos y activar así nuevas posibilidades de acción.
• Lo peor de las **excusas** que nos decimos es que nos dejan en el mismo sitio en el que estábamos. **No "fracasamos" pero tampoco tenemos "éxito".**

- Una **intención** es una idea o la determinación de hacer algo. Te permite descubrir el *para qué* en lugar del *por qué*. **Es tu gran poder interno**.
- Una **acción** es la consecuencia directa de la intención.
- **Intención sin acción, es solo ilusión**.

Preguntas que quiebran excusas:
- ¿Qué clase de vida quisieras tener?
- ¿Para qué quieres esa clase de vida?
- ¿Qué te impide llevarla a cabo?
- ¿Qué ganarás cuando la vivas?
- ¿Qué puedes hacer ahora mismo (que esté a tu alcance) para comenzar a vivirla?

Práctica de Visualización
- Busca un lugar donde te sientas cómodo.
- Si es necesario, pon música que te ayude a relajarte.
- Cierra tus ojos y concéntrate en tu respiración.
- Visualízate con el logro obtenido.
- Utiliza todos tus sentidos posibles: ¿qué ves?, ¿qué sientes?, ¿a quiénes ves contigo?, ¿qué te dicen?, ¿qué aromas percibes?, ¿qué tienes en tu mano? Disfruta de ese momento…

Cuanto más intensas sean las sensaciones que podamos percibir en la práctica de visualización, mejor quedarán grabadas en nuestro inconsciente.

Capítulo 3

Personal Trainer

En un tiempo, solo los atletas tenían entrenadores. Hoy, en cambio, disponemos de entrenadores de las emociones, de las finanzas, de la salud, de las mascotas, etc. Un *Personal Trainer* es una persona que acompaña a otra en un proceso de mejora personal hasta la obtención de un **objetivo deseado.**

En este capítulo te propongo que contrates a tu propio entrenador personal y que sea él quien te acompañe en el proceso hacia tus metas. Deberá ser un entrenador que te conozca, que sepa de tus fortalezas y debilidades, que te quiera de verdad... *Ese entrenador... ¡eres tú!*

Suelta tu imaginación...

Nuestra vida no es un paseo sin intención. Podemos construir la vida que queremos vivir. Olvídate de tus juicios, de si es posible o no realizarlo, y responde:

¿Cómo quisieras verte dentro de cinco años?
¿Qué te gustaría estar haciendo?
¿Qué tipo de persona te gustaría ser?
Si sigues viviendo como vives hoy: ¿dónde estarás?
¿Cuándo fue la última vez que te arriesgaste?
¿Qué pasaría si soltaras "el freno" y comenzaras a andar?

Uno de los frenos más comunes es el de nuestros padres. Carl Jung lo expresó afirmando que *"nada afecta más la vida de un niño, que la existencia no realizada de sus padres"*. Nuestros padres cumplieron algunos de sus sueños y otros no. Quisieron hacer muchas cosas, lograron algunas, pero otras no. Si pudieron procesar correctamente sus imposibilidades, siguieron adelante sin emociones negativas. Si no pudieron, lo más probable es que nos hayan transmitido sus frustraciones. *Piensa si existe alguna área de tu vida que haya sido determinada por esta situación.*

Otro impedimento es del de nuestras propias excusas. Es decir, las justificaciones o los autoengaños que nos damos por los cuales no tenemos aquello que queremos. Las más habituales son *"No sé"*, *"No tengo"*, *"No puedo"*.

"¿Te animarás a estudiar el año próximo?": "No sé".
"¿Qué piensas hacer con tu trabajo?: "No sé".
"No tengo amigos".
"No tengo dinero".
"No tengo inteligencia emocional".

Nuestra vida no es un paseo sin intención.

> **Nuestra felicidad es un trabajo interno.**

"No puedo salir de esta crisis".
"No puedo perdonar".
"No puedo avanzar".

Las excusas son las mentiras más dañinas que nos podemos decir.

Nuestra felicidad es un trabajo interno. Es un autoengaño creer que tiene que ver con lo externo. Podemos lograr muchos objetivos, la pareja, el automóvil, la casa, viajar, la empresa, tener de todo y, sin embargo, *sentir* que nada de esto nos alcanza porque no nos trae plenitud. La felicidad es algo que nosotros diseñamos, algo que nos regalamos. Como todo sentimiento, la felicidad comienza con un pensamiento. Es decir, que los pensamientos son la causa de nuestra realidad. *Lo que pensamos determina cómo nos sentimos (nuestros sentimientos), lo que hacemos (nuestras acciones) y lo que obtenemos (nuestros resultados).*

En lugar de preguntarle a alguien qué está pensando, basta con mirarlo detenidamente, observar sus actitudes, sus decisiones y sus acciones para darnos cuenta de cómo piensa en cada área de su vida.

> **La felicidad comienza con un pensamiento.**

> **A veces nuestra mente es daltónica:**
> **blanco o negro; todo o nada; sí o no.**

¡Pero hay buenas noticias! Tenemos la posibilidad de reprogramar nuestra mente, de hacer una reingeniería de nuestros pensamientos. A veces nuestra mente nos manda mensajes que nos bloquean: *"No puedes"*, *"No te saldrá"*, *"No te quiere"*. Y como nuestra mente subconsciente no discierne entre lo que es real y lo que no lo es, termina creyéndolo. A veces nuestra mente es daltónica: blanco o negro; todo o nada; sí o no. Pero, como los pensamientos no se eliminan, sino que se reemplazan, por cada *"No sé"*, *"No tengo"*, *"No puedo"*, declaremos: *"Yo sé"*, *"Yo tengo"*, *"Yo puedo"*.

"Yo sé"

Yo sé quién soy y, como sé quién soy, no me comparo con nadie: *"Cómo canta esa mujer"*, *"Si tuviera una familia tan linda como la tuya"*, *"Qué cuerpo privilegiado que tiene y yo soy un desastre"*. Si me comparo con alguien que está peor que yo, me siento mejor; si lo hago con alguien que está mejor, me siento mal. La única comparación válida es la que hacemos con nosotros mismos: me miro ayer y me comparo con hoy. Si mejoré, lo celebro. Si no estoy como esperaba, hago las correcciones.

> **Los pensamientos no se eliminan,**
> **sino que se reemplazan,**

> **La única comparación válida es la que
> hacemos con nosotros mismos.**

"Yo tengo"

Poseo en mí los recursos que necesito para ser feliz. Mi tarea es descubrirlos, liberarlos y desarrollarlos. Cuando los libero, los desarrollo; cuando los desarrollo, los libero. Puedes hacer tu lista con tus cualidades y capacidades: creatividad, pasión, humor, firmeza, valentía, aprendizaje, compromiso, empatía, etc. Si no se te ocurren muchas, pídele a alguien que te diga qué observa en ti. Ahora, dado que eres el poseedor de todas estas cualidades, comienza a hacer planes, establece metas desafiantes y realistas. Ten presente que todo lo que ahora es grande alguna vez empezó siendo pequeño.

"Yo puedo"

Soy capaz. Y además de serlo, haré lo necesario para ampliar mi capacidad: me anotaré en nuevos cursos, leeré libros, estudiaré, contrataré a un tercero, etc. Se trata de dar un paso por vez. A veces nos quedamos *congelados*, sin definirnos, como a la espera de una señal del cielo o de la tierra: *"Espero que mis hijos crezcan"*, *"Espero recibirme"*, *"Espero que me salga el divorcio"*, *"Espero encontrar mi media naranja"*.

> **Todo lo que ahora es grande alguna
> vez empezó siendo pequeño.**

Se trata de dar un paso por vez.

La diferencia entre un pozo y una tumba, es que del pozo podemos salir solos. **¡Ponte en movimiento antes de que el pozo se convierta en una tumba!**

Y esto consiste en dar el paso siguiente. Resulta difícil porque se ve oscuro, porque nos han defraudado, porque hemos sufrido. Tal vez lo que sucedió no dependió de ti, pero lo que sí depende de ti es quedarte quieto o pasar a la acción. Por eso, **no dediques tu energía y tiempo en pensar todos los pasos que tendrás que dar. Sólo da el siguiente paso**.

Da el siguiente paso. Todo lo grande comenzó siendo pequeño.

Da el siguiente paso. Es un paso a la vez.

Da el siguiente paso. Es pequeño, pero es un paso.

Tan solo un paso es lo que se necesita para correr un maratón, para leer un libro, para conseguir un trabajo. Como cuando manejamos de noche; quizá no podamos ver más allá del alcance de las luces de nuestro automóvil,

---

**Lo que sí depende de ti es quedarte
quieto o pasar a la acción.**

Si visualizo, materializo.

pero podemos hacer el viaje completo de esta manera. Como afirma Séneca: *"Nunca hay viento favorable para el que no sabe hacia dónde va"*. Steven Covey lo define como *"Empezar con el fin en la mente"*. Si mi mente estuvo allí, también puede estar mi cuerpo. Si visualizo, materializo.

Cuando nos conectamos con nuestro destino, cambian nuestras emociones, expresamos entusiasmo, energía, fuerza, optimismo, cambia nuestra postura, etc. Una persona orientada hacia una meta es alguien que posee sentido y propósito en la vida. Cuanto más claro tenemos lo que queremos lograr, mayores posibilidades de lograrlo tenemos.

¿Qué quiero para cada uno de los distintos ámbitos de mi vida?

¿Qué quiero para mi salud, mis finanzas, mi familia, mi trabajo, mis afectos?

Es importante enunciarlo correctamente para que sea alcanzable. Enunciarlo en términos de lo que sí queremos y no de lo que no queremos. Pensemos un momento: ¿qué

Una persona orientada hacia una meta es alguien que posee sentido y propósito en la vida.

> **Cuando definimos correctamente nuestras metas, pasamos de actuar como víctimas a ser protagonistas, de depender de las circunstancias a tener el control de nuestra vida.**

pasaría si subiésemos a un taxi y le dijéramos al chofer: *"No quiero ir a la calle Paraguay"*, *"No quiero ir a la Av. Santa Fe"*? Seguramente el conductor –además de mirarnos y pensar en la mala suerte que tuvo–, no podría arrancar el automóvil ya que no sabría hacia dónde ir. **Mucha gente habla de lo que NO quiere**: *"No quiero perderme eso"*, *"No quiero engordar"*, *"No quiero fumar más"*. Sin embargo, **la clave es poner foco en lo que SÍ se quiere**. Por concentrarse en lo que no les gusta, en lo que está mal en sus vidas, terminan perdiéndose entre cuentos e historias, entre enojos y culpas.

Cuando definimos correctamente nuestras metas, pasamos del *"¿qué es lo que está mal?"* a *"¿qué es lo que quiero?"*. Cuando definimos correctamente nuestras metas, pasamos de actuar como víctimas a ser protagonistas, de depender de las circunstancias a tener el control de nuestra vida.

Definir correctamente mis metas es decidir lo que quiero y no lo que quiero evitar. Cuando expresamos el objetivo

> **Definir correctamente mis metas es decidir lo que quiero y no lo que quiero evitar.**

en términos negativos, el cerebro no sabe por dónde comenzar a realizar la acción, entonces dirige su enfoque en la acción que justamente queremos evitar.

¿Cómo corregimos esto?

Reemplaza *"No quiero estar nervioso"* **por** *"¿Cómo quiero sentirme?"*.

Reemplaza *"No quiero esto"* **por** *"¿Qué es lo que quiero en su lugar?"*.

Reemplaza *"No quiero trabajar más acá"* **por** *"¿Dónde quiero trabajar?"*.

Pero atención, podemos caer en negaciones implícitas: *"Quiero perder 10 kilos"*, *"Quiero dejar de fumar"*. **Mucho cuidado con esta trampa**, porque el planteo nos sigue conectando con aquello que queremos evitar y no con aquello que queremos conseguir.

Rediseña tu pensamiento y reemplaza *"Quiero perder 10 kilos"* **por** *"Quiero pesar 75 kilos"*.

Rediseña tu pensamiento y reemplaza *"Quiero dejar de fumar"* **por** *"Quiero tener mis pulmones sanos"*.

¡Cuando formulas tus pensamientos en positivo te predispones para la acción!

Por lo tanto, hará falta que incorpores en tu caja de herramientas:

- **Un diccionario nuevo**: reemplaza expresiones como *"no puedo"*, *"es imposible"*, *"nadie lo hizo"*, *"fracasé"* por *"puedo"*, *"es difícil"*, *"lo voy a intentar"*, *"tengo más experiencia"*. En el deporte los yerros se llaman entrenamiento.

> **El límite es una línea común que divide dos posesiones, dos estados; una línea que señala el fin de una extensión y el comienzo de otra.**

- **Nuevos acompañantes**: tus actuales relaciones, ¿te apoyan o te desaniman? No nos rodeemos de gente negativa. Los mejores amigos están por llegar, las mejores conexiones están llegando a tu vida. Si en lugar de preguntarnos *"¿qué has hecho hoy?"* nos preguntáramos *"¿con quién estuve hoy?"*, tendríamos una idea de nuestras prioridades y de nuestro enfoque.

- **Nuevos límites**: el límite es una línea común que divide dos posesiones, dos estados; una línea que señala el fin de una extensión y el comienzo de otra. Cuando nos sucede algo positivo, utilizar expresiones como *"No me lo esperaba"*, *"Hay tanta gente mejor o más capaz que yo"*, *"Ni yo lo puedo creer"*, ponen de manifiesto nuestra dificultad para aceptar las cosas buenas que recibimos o nos suceden. Preferimos acotar, minimizar las cosas buenas que nos suceden y darle inmensidad a las cosas negativas. Nos preguntan *"¿Te vas de vacaciones?"* y respondemos *"Sí, pero acá nomás"*. Nos dicen *"¡Cambiaste el auto!"*, y retrucamos *"Sí, pero*

> **La clave no estará en la vida sino en ti mismo, en lo que hagas en la vida y con tu vida.**

> **Concéntrate en el ahora y celebra cada logro.**

es un modelo viejo". Es necesario poner límites pero no a lo que nos sirve, sino a lo que no nos sirve, a lo que no nos edifica. Pregúntate: *¿en qué áreas tengo que aprender a decir que SÍ?* y *¿en qué áreas tengo que aprender a decir que NO?* A veces decimos que sí cuando por dentro queríamos decir que no. A veces decimos *"No puedo"* cuando en realidad lo que queríamos decir es *"No quiero"*. Decir NO a algunas cosas que ayer fueron buenas y decir SÍ a las que ahora son mejores. Decir NO a algunas cosas que hoy son buenas y SÍ a las que ahora son necesarias.

La vida no es justa o injusta. Sencillamente la vida es. Si la piensas así, la clave no estará en la vida sino en ti mismo, en lo que hagas en la vida y con tu vida. Por eso, concéntrate en el *hoy, aquí y ahora*. **Hoy es el día. Este día, ni ayer ni mañana: hoy**. Hay días en que las 24 horas parecen interminables, entonces, vive el día, hora a hora, momento a momento. Concéntrate en el ahora y celebra cada logro.

Deja de correr desenfrenadamente por la vida. La mayoría de la gente pasa el 90 % de su vida despierta,

> **La felicidad es un lugar ahora,**
> **no es un destino futuro.**

> **No necesitas llegar a la meta para disfrutar;**
> **disfruta el camino mientras te diriges a la meta.**

viviendo mentalmente en el pasado o en el futuro. Pero la felicidad es un lugar ahora, no es un destino futuro. Depende de ti hacer que cada momento sea único y especial. Saborea cada instante. No necesitas llegar a la meta para disfrutar; disfruta el camino mientras te diriges a la meta.

Ser feliz o ser miserable, es tu decisión. **¿Qué eliges?** La clave es saber que el secreto de la felicidad es elegir la felicidad. Puede ser que la vida no sea justa, pero es bella. Y aunque no venga envuelta en papel de regalo y con un moño, es un regalo.

Recuerda este pensamiento de Albert Einstein: *"Hay dos formas de vivir la vida. Una es como si nada fuera un milagro. La otra es como si todo fuera un milagro"*.

> **La clave es saber que el secreto de la**
> **felicidad es elegir la felicidad.**

Claves para liberar tu poder

- **Self Coaching** es un método para desarrollar, desde al autoconocimiento y el compromiso personal, el potencial de uno mismo para lograr lo que se desea, sin ayuda presencial.

Obligación		Compromiso
Impuesta desde afuera		Surge de nuestro interior
No elegimos	*Versus*	Elegimos nosotros
Emociones: enojo, bronca		Emociones: entusiasmo, alegría

- **Situarse en el futuro** es ensayar mentalmente nuevos conocimientos, actitudes y habilidades para el futuro que deseamos.
- *Pensamiento + Sentimiento = Comportamiento + Resultado.*
- Autoconciencia Emocional Positiva: **Yo sé + Yo tengo + Yo puedo**.
- **Asertividad** es la habilidad para decir lo que se quiere decir, de manera clara y directa, sin herir los sentimientos del otro, sino defendiendo los derechos propios.
- **Filosofía Kaizen** es un proceso de mejora continua basado en acciones concretas y simples.
- Un **pequeño logro** es un éxito de pequeña magnitud que influye en nuestras emociones al momento de obtenerlo.

Capítulo 4

Los enemigos de siempre

*"La única manera de aprender a nadar es...
echándose al agua".*

Anónimo

Cada vez que queremos cambiar, modificar o trans-formar algún hábito o comportamiento, incorporar nuevos conocimientos o adquirir nuevas habilidades, aparecen en escena *los enemigos de siempre*. Los llamamos *enemigos* porque atentan contra nuestro desarrollo y nuestras posibi-lidades de acción. *Ellos son la razón por la cual no tenemos lo que queremos.*

Lo interesante de estos enemigos es que no se ven, ya que no habitan afuera de nosotros sino en el interior de no-sotros mismos. Son como *terroristas internos* que obstaculi-zan nuestro aprendizaje. Ideas, creencias, resistencias internas que nos dificultan el proceso de aprendizaje, nos frustran y truncan nuestro proceso de cambio.

Resulta entonces fundamental para poder seguir creciendo tomar conciencia de la presencia de estos enemigos, que suelen presentarse de forma automática. Identificarlos nos permitirá vivir la vida que queremos vivir.

Te los presento:

Enemigo número 1: *"Ni se te ocurra decir 'no lo sé'"*.

Como para muchos de nosotros no saber es una especie de vergüenza, nos resulta más fácil hacernos los distraídos: *"Esto ya lo sé"*, *"Sí, claro, ya lo sabía"*. Y opinamos y nos movemos como si lo supiéramos todo. **Pero no lo sabemos todo**.

Aunque la ignorancia tenga mala prensa, es el primer escalón para el aprendizaje. Cuando reconocemos y declaramos nuestra ignorancia en algún tema, ya estamos transitando la senda del aprendizaje. Y además, estaremos un paso adelante del que cree (pobre ingenuo) que no necesita aprender nada más. Siempre hay algo que aprender.

Es cierto que nos cuesta decir *"No lo sé"*. Nos resulta difícil porque atenta contra nuestra estima y orgullo. Por eso se necesita cierto grado de resistencia a la frustración y una dosis fuerte de humildad para decir *"No lo sé"*.

**Aunque la ignorancia tenga mala prensa,
es el primer escalón para el aprendizaje.**

Decir "No lo sé" es una fuerza poderosa en el proceso de transformación personal y de diseño de quiénes queremos ser. Además de esto, al decirlo nos mostrarnos humanos, y esto nos permite conectarnos con el otro. Si respondemos una pregunta de nuestro hijo con *"No lo sé"*, entonces podremos buscar con él las respuestas. De esta manera, cada *"No lo sé"* que digamos se convertirá en una puerta que se abre a la aventura de saber.

Hay quienes que, por su cargo, su función o su antigüedad laboral, no se permiten decir *"No lo sé"*. Pero, recuerda: hay que saber reconocer no saber.

Se le atribuye al gran filósofo griego Sócrates la célebre expresión "ἓν οἶδα ὅτι οὐδὲν οἶδα" (*"Sólo sé que no se nada"*), a través de la cual acepta su ignorancia frente a la posibilidad ilimitada del conocimiento. Y si Sócrates se animó a decirlo…

Aprende a decir «La verdad… no lo sé", y habrás vencido a tu primer enemigo.

Enemigo número 2: *Siempre queremos entenderlo todo.*

Nos cuesta decir *"No entiendo"*: *"¿Para qué tengo que hacer de vuelta el curso si ya lo sé hacer?"*. Hay quienes viven en modo ansiedad: necesitan tener todo claro

> **Decir "No lo sé" es una fuerza poderosa
> en el proceso de transformación personal
> y de diseño de quiénes queremos ser.**

> **Aprende a decir «La verdad... no lo sé", y habrás vencido a tu primer enemigo.**

permanentemente, todo claro y durante todo el tiempo. Estudiantes que si no saben toda la materia, no se presentan a rendir el examen. Profesionales que si no lo saben todo, no aceptan una nueva propuesta. Evitan cualquier momento de confusión, cualquier situación de duda. No han aprendido emocionalmente a vivir las incertidumbres. Como resultado de ello, se alejan de las preguntas, se esconden en sus respuestas y todo sigue su curso aparentemente igual.

Querer entenderlo todo es un enemigo que nos genera confusión, enojo y nos obstaculiza la posibilidad de aprender.

Por todo esto, es necesario aceptar que para alcanzar el saber debemos atravesar primero el no saber y que para llegar a la luz transitaremos por momentos de oscuridad e incertidumbre. Si solo nos concentramos en buscar la respuesta rápida o la única respuesta, nos privamos de pensar, de preguntar y, en consecuencia, de aprender. Si tan solo nos quedamos con lo que sabemos, nos privamos de aprovechar otras opiniones, otras lecturas y otras observaciones.

> **Querer entenderlo todo es un enemigo que nos genera confusión, enojo y nos obstaculiza la posibilidad de aprender.**

> **Nuestras voces internas buscan etiquetar**
> **rápidamente a las personas.**

Cuando el miedo, la necesidad de controlar, el orgullo y la timidez, dicen presente, será la confianza nuestra aliada fundamental para lograr aprender. No siempre sabemos el por qué o el para qué se nos pide algo, pero es imprescindible confiar. No está en juego nuestra estima.

Cuando respondas *"De acuerdo, no lo entiendo completamente, pero de todas formas lo haré"*, habrás derrotado al segundo enemigo.

Enemigo número 3: *"¿Y éste quién se cree que es?"*.

Nos cuesta decirnos *"No me apuraré en dar mi opinión"*. ¿Cuántas veces tuvimos un prejuicio sobre algo o alguien y luego resultó ser todo lo contrario? Nuestras voces internas buscan etiquetar rápidamente a las personas: *"Es muy joven para enseñarme algo a mí"*, *"¿Qué puede saber este?"*. Necesitamos estar atentos a todas las ocasiones en las que opinamos de manera automática, sin tener fundamentos. Cada vez que esto suceda, estaremos juzgando, y juzgar equivale a no escuchar. Podemos decirnos que esa persona no tiene nada que aportarnos porque es joven, porque es anticuada, porque nunca viajó, porque no tiene estudios.

> **Juzgar equivale a no escuchar.**

¿Qué prejuicios operan sobre nosotros cuando se nos presenta alguien o algo nuevo?

¿Qué proyectamos en las personas?

Recuerda que lo que diga Juan de Pedro, hablará más de Juan que de Pedro.

Así que cuando aprendamos a darnos tiempo a nosotros mismos y a las personas margen de acción, habremos vencido al tercer enemigo.

Enemigo número 4: *¿Para qué lo vas a pensar?*

Nos resulta difícil decir *"Lo voy a pensar"*. Nuestro sistema educativo suele premiar con mayor frecuencia tener las respuestas que valorar la capacidad para formular las preguntas. Por esto, cuando crecemos desarrollamos una adicción a las respuestas inmediatas: *"Esa persona se endeudó* **porque** *tiene baja estima"*, *"Ella renunció* **porque** *no soportaba la presión"*. Es oportuno entonces preguntarnos: ¿cuántas veces respondimos con una respuesta instantánea que luego nos ocasionó complicaciones o problemas?

Si las preguntas abren posibilidades, las respuestas inmediatas las cierran.

Habrás vencido al cuarto enemigo cuando comiences a responder: *"Te debo la respuesta para la semana próxima"*.

Cuando crecemos desarrollamos una adicción a las respuestas inmediatas.

> **Si las preguntas abren posibilidades, las respuestas inmediatas las cierran.**

Enemigo número 5: *¡No hay tiempo!*

Como nos cuesta reconocer que necesitamos organizarnos, nos justificamos: *"Entre el trabajo y mi familia no me queda tiempo libre para capacitarme"*. *"No tengo tiempo"* es la justificación perfecta para permanecer en el mismo sitio en el que estamos. Es la explicación perfecta para brindarnos alivio.

¿Cómo es posible sostener el *"No tengo tiempo"* si todos tenemos absolutamente la misma cantidad de horas disponibles? Por lo tanto, cuando afirmamos *"No tengo tiempo"* en realidad estamos diciendo que hemos elegido hacer algo X y no hacer algo Y. Cuando decimos *"Sí"* a algo, simultáneamente le estamos diciendo *"No"* a otra opción.

Claro que siempre tenemos muchas cosas por hacer y sentimos subjetivamente esa falta de tiempo. Pero, si colocamos afuera la causa de lo que nos sucede, nos sentimos eximidos de la responsabilidad de accionar y de aprender. En cambio, si lo planteamos como el resultado

> **Si colocamos afuera la causa de lo que nos sucede, nos sentimos eximidos de la responsabilidad de accionar y de aprender.**

de una asignación de prioridades, entonces asumimos la responsabilidad (que es la habilidad de dar respuesta). Si lo reconocemos como un problema de elección, de prioridades, mágicamente *aparece el tiempo*.

Para vencer el quinto enemigo reconoce que *"Hoy elijo esto y que relego esto otro para más adelante"*.

Enemigo número 6: *"La tengo clara"*

Es sorprendente la dificultad que experimentamos cuando nos toca decir *"Todavía tengo mucho por aprender"*, porque pensamos *"¿Qué me puede enseñar esta persona que yo no sepa?"*. No permitir que otra persona nos enseñe, no darle autoridad para que nos muestre algo que no estamos viendo, no dejarnos acompañar, nos mantiene en nuestra zona de confort, nos impide salir de nuestro presente. Hay profesionales que se colocan a sí mismos en una especie de pedestal desde el cual descalifican al colega. Hay docentes que miran desde arriba a los alumnos. En una oportunidad escuché a John Maxwell afirmar que *"si yo espero que alguien me enseñe absolutamente todo, eso es ingenuidad, tendré muchos inconvenientes. Si yo sostengo que nadie tiene nada para enseñarme, eso es soberbia, y el sistema rechaza a los soberbios. Pero si yo considero que puedo aprender algo de cada persona, eso es actitud enseñable, y la vida les sonríe a esa clase de personas"*.

¿Tienes tu lista de mentores?

¿Buscas orientación en aquellos que lograron lo que estás buscando lograr?

Cuando reconocemos a alguien como maestro o mentor, le damos confianza y autoridad para aceptar su dirección en el área que queremos mejorar. Confiar significa que le concedemos a una persona permiso para que nos guíe hacia el objetivo que queremos conseguir.

Cuando aprendamos a pedir *"¿Por favor, podrías enseñarme este tema?"*, habremos derrotado al sexto enemigo.

Enemigo número 7: *"¿Quién te crees?"*

¿Cuándo eras un niño o niña qué te decían que no lograrías? Nos cuesta declarar *"Mi historia no me determina"* y solemos encontrar las respuestas en el factor herencia: *"Siempre me costó leer, viene de familia"*.

Algunos dicen *"Es que yo soy así"* o *"Esto es muy difícil para mí; no me saldrá"*, etc. Detrás de estas frases se alzan nuestras diferentes historias. Cuando afirmamos *"Bueno, yo soy así"* estamos cerrando toda posibilidad para aprender algo nuevo. Es una forma de justificar nuestro presente y nos imposibilita un futuro diferente, una vida diferente. Es clave reemplazar el pensamiento *"Yo soy así"* por *"Yo me comporto así"*, lo cual es, ciertamente, muy diferente.

Muchas veces el futuro nos parece muy lejano y, por momentos, incluso inaccesible. Nos inhibe y no sabemos si llegaremos a alcanzarlo. Es entonces cuando se activan las explicaciones que nos aclaran por qué no

> **Confiar significa que le concedemos a una persona permiso para que nos guíe hacia el objetivo que queremos conseguir.**

> **Es clave reemplazar el pensamiento "Yo soy así" por "Yo me comporto así".**

vamos a llegar y nos ofrecen los motivos correctos por los cuales será mejor no asumir nuevos desafíos para el cambio y el aprendizaje. *"Esto es muy difícil para mí"*, *"No puedo"*, *"Ya me pasó el cuarto de hora"*, *"No soy tan hábil"*. Es un buen momento para preguntarnos: ¿cuántos juicios negativos hacemos sobre nosotros mismos, sobre nuestras capacidades, sobre nuestras habilidades, cerrándonos la puerta a nuevos aprendizajes y experiencias?

Cuando declares *"Mi pasado no construye mi futuro"*, habrás quebrado al séptimo enemigo.

Enemigo número 8: *Mantente firme. Eres el dueño de la verdad.*

¿Alguna vez sostuviste de manera testaruda una idea que luego resultó ser incorrecta? Nos cuesta reconocer que solo somos observadores de la realidad y en su lugar preferimos expresar *"Como yo les digo, ésta es la forma correcta de hacer las cosas"*.

Cada uno puede pensar que su forma de hacer las cosas es la mejor... ¡o la única forma de hacerlas! Pero hay que recordar que cada persona tiene su estilo y su forma. Cuando aparece alguien que hace las cosas de manera diferente a las que estamos acostumbrados, nos atrincheramos en nuestra postura, nos encerramos en nuestra posición y discutimos para ver quién tiene la razón, *quien gana*. Es en ese momento en que perdemos la posibilidad de enriquecernos escuchando, observando y aprendiendo del otro. Recuerda que no son nuestras similitudes las que nos enriquecen sino nuestras diferencias.

Para vencer el octavo enemigo debes aprender a decirte: *"No soy dueño de ninguna verdad, quiero seguir aprendiendo"*.

Enemigo número 9: *"No hagas caso, es una moda pasajera"*.

¿Podrías mencionarte algo nuevo que hayas descubierto este último mes, en alguna área de tu vida?

Nos cuesta declarar *"Soy abierto al cambio"* y optamos por expresar *"Qué lindo es este material, es como el que daba en mi antigua empresa"*.

Es necesario que reconozcamos lo nuevo como nuevo. Mucha gente busca acomodar o adaptar lo nuevo a lo viejo; procura forzarlo a que **encaje** en lo conocido. Es importante que observemos que muchas de las conductas y habilidades que nos hayan servido en el pasado, es probable que ya no nos sirvan para nuestro presente, ni para nuestra transformación personal, ni para el logro de nuevos objetivos.

> **No son nuestras similitudes las que nos enriquecen sino nuestras diferencias.**

> **Muchas de las conductas y habilidades que nos hayan servido en el pasado, es probable que ya no nos sirvan para nuestro presente, ni para nuestra transformación personal, ni para el logro de nuevos objetivos.**

Para aprender algo nuevo, primero necesitamos **desaprender** para luego poder **reaprender** a hacer lo mismo pero de una manera diferente.

Es imposible querer aprender sin querer cambiar.

Todos disponemos de **una mente de principiante**, que se puede activar... ¡a cualquier edad!

Esta mente tiene la ventaja de estar vacía y siempre abierta, dispuesta a dudar, pensar y aceptar todas las posibilidades. No está enviciada por los hábitos del *"ya lo sé"*. Creernos expertos de algo aborta la mente de principiante. No reconocer lo nuevo como nuevo cierra la mente de principiante.

Ya hemos listado los nueve enemigos que nos impiden aprender y cambiar. Pasemos ahora a conocer dos llaves que nos abren puertas al aprendizaje y al cambio.

> **Creernos expertos de algo aborta la mente de principiante.**

> **El primer paso para lograr lo que quieres
> es tener en claro qué es lo que quieres.**

La Llave de la Visión

El primer paso para lograr lo que quieres es tener en claro qué es lo que quieres. Comienza por definir **el qué** para poder luego desarrollar **el cómo**.

Pregúntate:
¿Qué es lo que quiero lograr en mi vida?
¿Quién quiero llegar a ser?

Nadie puede estar motivado por algo que no ve con claridad. Emplea la vista para el mundo natural, exterior, para lo que se ve, y desarrolla la visión para el mundo de las ideas, para lo que no está a la vista. Visión es saber el final antes de comenzar. Es tu definición de éxito.

Necesitas saber dónde estás y hacia dónde vas. Si no vas hacia tu futuro estarás volviendo a tu pasado.

La Llave del Enfoque

Enfocar significa lograr que la imagen de un objeto sea captada con claridad.

Somos los responsables de cuidar nuestro enfoque.

> **Visión es saber el final antes de comenzar.**

> **Enfocar significa lograr que la imagen de
> un objeto sea captada con claridad.**

Comienza por definir **qué es lo que más importa** en este momento de tu vida. Y recuerda que soñar no cuesta nada, pero cumplir el sueño sí.

Piensa también en qué podría desenfocarte. Para verlo con claridad, escribe una lista de todo aquello que atenta contra tu enfoque, ya que nada de eso te pertenece. Despréndete de hábitos inservibles, de esas conductas que repites en el tiempo de modo sistemático. Aristóteles afirmaba: *"Somos lo que hacemos repetidamente"*. Los hábitos son la base para todos los cambios que deseas. La clave está en tu agenda diaria. Si haces que cada día cuente, tu vida será exitosa, porque la vida es la colección de tus días.

Organízate. Como cantabas de pequeño, *"a guardar, a guardar, casa cosa en su lugar"*. **Organizar es decir sí a ciertas cosas y no a otras**. El desorden distrae, complica, afecta, resta todo tipo de energía. ¿Has oído hablar del FODA? Es una herramienta que emplean las compañías para el estudio de la organización a través de sus Fortalezas, Oportunidades, Debilidades y Amenazas. Si la trasladamos al plano personal, notaremos que su aplicación nos permitirá también un análisis de nuestras propias variables.

> **Si haces que cada día cuente, tu vida será exitosa,
> porque la vida es la colección de tus días.**

Variables Internas

Desde el punto de vista de las Fortalezas, pregúntate: ¿cuáles son mis principales virtudes que pueden ayudarme a cumplir mi objetivo? ¿En qué me destaco?

Desde el plano de las Debilidades, pregúntate: ¿qué actitudes o comportamientos pueden impedirme llegar a mi objetivo?

Variables Externas

Analiza las Amenazas: ¿qué aspectos externos podrían afectarme para alcanzar mi objetivo?

Observa las Oportunidades: ¿qué aspectos externos podrían ayudarme a cumplir mi objetivo?

¿Quiénes pueden desenfocarte? Escribe una lista de la gente que puede hacerte fracasar. Cuando lo sepas, aléjate de ellos y no te sientas mal por hacerlo. Piensa que ya cumplieron una etapa. Diles *adiós* a los aduladores, a los que te alaban de forma exagerada e interesada solo para conseguir algo de ti. También a los que te desaniman mostrándote las fallas del sistema y las *fallas* de tu equipo. Esas personas te estorban. La gente incorrecta debe irse para hacer lugar a la gente correcta. Resulta prácticamente imposible alcanzar nuestras metas si no nos rodeamos de la gente correcta. Y cuanto mayor es nuestro sueño, mayor es esa necesidad. Decide entonces quiénes serán las personas que tendrán acceso a tu vida en esta nueva etapa. Recuerda que somos el promedio de las cinco personas con las que más tiempo pasamos. Dedícate a cuidar ese círculo íntimo. **Elige sabiamente quiénes te acompañarán en el camino hacia tu sueño**. Rodéate de personas que sean honestas contigo, que no te digan lo que quieres oír, sino lo que muchas veces necesitas escuchar. De gente que levante tus brazos cuando flaquees. De quienes te ayuden a pensar más y mejor, a trabajar más y mejor.

Asume un compromiso con tu sueño. Y hazte la promesa de perseverar en él.

La gente incorrecta debe irse para hacer lugar a la gente correcta. Resulta prácticamente imposible alcanzar nuestras metas si no nos rodeamos de la gente correcta. Y cuanto mayor es nuestro sueño, mayor es esa necesidad.

Claves para liberar tu poder

- **Aprendizaje** es el proceso que permite adquirir nuevas habilidades, conocimientos, conductas, hábitos o valores.
- La búsqueda tiene como objetivos lograr cambios cognitivos, emocionales y conductuales. **Saber, sentir y actuar**.
- Gracias a los aportes de las neurociencias hoy sabemos que **podemos aprender en cualquier etapa de nuestra vida**.
- Para aprender se requiere:

Conciencia para *saber lo que no sabemos*.

Humildad para *reconocer que no sabemos*.

Compromiso para *adquirir lo que no sabemos*.

- Todo aprendizaje implica cuatro etapas:
- **Incompetencia Inconsciente**. Lo que no sabemos que no sabemos. No sabemos hacerlo, no lo comprendemos ni tenemos deseos de hacerlo.
- **Incompetencia Consciente**. Lo que sabemos que no sabemos. Aunque no lo comprendamos o no lo sepamos hacer, ya sabemos que no lo sabemos.
- **Competencia Consciente**: Lo sabemos, lo comprendemos, pero aún nos cuesta demostrar que hemos adquirido esa destreza.
- **Competencia Inconsciente**: Hemos practicado tantas veces que nos sale con naturalidad, sin esfuerzo. Incluso podemos enseñárselos a otros.

- Mapa no es el territorio: el **Mapa Mental** es la representación que hacemos del mundo (el Territorio), de manera personal y única, a partir de nuestras propias percepciones y experiencias. **Esto significa que la interpretación de la realidad es siempre subjetiva**.
- Todos tenemos áreas de distintos conocimientos. Estas son las cosas que sabemos. También somos conscientes de la existencia de cosas que no sabemos. Pero también existen cosas que ni sabemos que existen. Como no sabemos que no sabemos de ellas, creemos que lo que sabemos es todo lo que debemos saber.
- Por lo tanto:

Conocimiento = Lo que sabemos + Lo que no sabemos.

Puntos Ciegos del Conocimiento = Lo que no sabemos que sabemos (recursos ocultos) **+ Lo que no sabemos que sabemos** (posibilidades).

- A mayor predisposición, mayor aprendizaje.
- El Coaching Ontológico se propone pasar del *"hacer para ser"* al *"ser para hacer"*.
- La acción de *"darnos cuenta"* nos permite intervenir y hacer algo al respecto.

Capítulo 5

Principios para alcanzar tus sueños

*"Los sueños son sumamente importantes.
Nada se hace sin que antes se imagine."*

George Lucas,
creador de la saga Star Wars

Tal vez recuerdes haber conversado con tus amigos cuando eras pequeño: *"¿Qué vas a ser cuando seas grande?"*. A esa edad, la mente estaba llena de posibilidades y vacía de obstáculos, y las hipótesis más espectaculares eran concebidas: bombero, presidente, astronauta, médico…

La mente es libre para imaginar y soñar las cosas más grandes. Pero, **¿qué nos sucedió mientras crecíamos?** Comenzamos a recibir mensajes negativos: *"Cuidado al cruzar la calle"*; *"Ojo con ese… No me gusta"*. Esos mensajes han sido difíciles de asimilar porque, por lo general, provenían de la gente más querida, de los más cercanos, de la familia.

> **La mente es libre para imaginar y soñar las cosas más grandes.**

Una vez adultos, los diarios, los noticieros, los amigos nos alertan todo el tiempo: *"No va a funcionar"*; *"No sirve"*; *"Estás loco"*; *"Ya lo probaron"*; *"Este país no tiene arreglo"*… Y la mente que estaba llena de posibilidades y vacía de obstáculos, **ahora se vacía de posibilidades y se llena de obstáculos**, de temores y de frustraciones.

¿Sabes? Se estima que el 30 % de los adultos son soñadores, el 69 % son destructores de sueños y solo el 1 % es realizador de sueños.

Déjame decirte que lo peor que puede pasarte en la vida es que, a medida que pasen los años, pasen también de largo todos tus sueños.

No tener sueños es como ir a una agencia de viajes y cuando nos pregunten: *"¿Adónde quiere ir?"*, respondamos: *"A cualquier lado…"*, *"Vemos…"*.

Sin embargo, hay buenas noticias: si estás leyendo este libro es porque crees y quieres cumplir tus sueños. Por eso, ahora te voy a presentar seis aspectos sobre los que puedes trabajar para tomar las riendas y convertirte en un líder exitoso de tu propia vida.

> **Se estima que el 30 % de los adultos son soñadores, el 69 % son destructores de sueños y solo el 1 % es realizador de sueños.**

> **Todos tenemos la capacidad de ser, de
> hacer y de tener lo que soñemos.**

1. Vuelve a creer

Tú eres el milagro más importante de la Creación, el resultado final de una obra de millones de años. Nunca ha habido ni habrá una persona como tú.

Estás diseñado para el éxito. Todos tenemos la capacidad de ser, de hacer y de tener lo que soñemos.

En nuestro interior existen talentos y dones que aún no hemos soltado. Eso se llama potencial. Potencial no es lo que hiciste, sino lo que todavía no has hecho. Son los negocios que aún no se han inaugurado, los libros que aún no se han escrito, las canciones que todavía no se han cantado.

¿Para qué te digo esto? Para que te hagas responsable de tu vida.

Tú eres el responsable de tu carrera, de tu salud y de cada uno de tus sueños. A nadie más le preocupa tu vida como a ti mismo. Nadie tomará decisiones tan buenas sobre ti, como tú mismo.

Las batallas más grandes se libran dentro de ti. Aunque te cueste creerlo, eres la primera persona que puede ocasionarte problemas.

> **Potencial no es lo que hiciste, sino
> lo que todavía no has hecho.**

> **Las batallas más grandes se libran dentro de ti. Aunque te cueste creerlo, eres la primera persona que puede ocasionarte problemas.**

¿Cómo está tu autoestima? ¿Cómo te ves a ti mismo? Autoestima es la manera en que tú te sientes acerca de ti mismo. Quizá muchas veces te descubres diciendo frases como estas: *"Siento que todo me sale mal"*; *"Siento que soy lento"*.

La autoestima sana es un sentimiento de orgullo por lo que uno es. Es la habilidad de sentirse digno de ser amado y de sentirse capaz.

Recuerda que como tú te veas así te comportarás. Habla bien de ti, haz y acepta elogios; trátate con amor, permítete sentir placer sin culpa.

Acéptate tal como eres y ámate en forma incondicional. Hazte responsable de tu autoestima.

Confía en tu mejor amigo, que eres tú.

2. Vuelve a tener pasión por tus sueños

Una persona nostálgica es alguien que tiene un pasado más grande que su futuro. Seguramente conoces a alguien así. Es más, mucha gente toma decisiones basadas en el pasado. **Pero no se llega muy lejos caminando de espaldas**.

> **La autoestima sana es un sentimiento de orgullo por lo que uno es.**

> **Una persona nostálgica es alguien que tiene un pasado más grande que su futuro.**

Por eso es importante soñar. Cuando soñamos nunca envejecemos, ni nos retiramos o jubilamos. No importa nuestra edad o situación, todos tenemos sueños y metas por alcanzar. Además, tu sueño es lo que te distingue de los demás.

Soñar nos mantiene motivados y la motivación es lo que activa nuevas ideas. Todas las cosas se crean dos veces: primero en nuestra mente, en el mundo de las ideas, en nuestro mundo interior, y luego en el mundo exterior. Por eso, comienza con el fin en la mente, comienza por el final: *"Yo sé lo que quiero; fui a mi futuro y ahora vuelvo para construirlo"*.

Nunca verás a una persona con sueños y deprimida. Porque la pasión la mantiene en marcha, incluso cuando está físicamente exhausta y emocionalmente vacía.

No me refiero a momentos de euforia, que todos podemos experimentar periódicamente. Estoy hablándote de ese combustible que hace que te levantes cada día y seas un agradecido por la vida.

Para los que tenemos pasión, nada es aburrido. Te levantas cantando. Te vistes con tu mejor ropa. Sabes que todo lo que hagas ese día, lo disfrutarás. Las horas se pasan rápido cuando haces lo que te apasiona.

> **Tu sueño es lo que te distingue de los demás.**

No te cansas, pero cuando tocas la cama quedas rendido y satisfecho, porque otro día más te acercó a la concreción de tu sueño.

3. Crea la imagen de tu futuro

Decide cuál es tu propósito principal en la vida y luego organiza todas tus actividades en relación con ese propósito.

¿Qué es lo que harías si tuvieras recursos financieros ilimitados? Decide tu estilo de vida soñado, tu situación familiar soñada, tu nivel de salud soñado, tu peso soñado, y tu futuro en cualquier otra área que sea importante para ti.

Comienza con un *"YO QUIERO..."* y completa la oración con todo aquello que desees y sueñes. **Viaja a tu futuro por unos instantes**. Observa qué clase de persona eres tú en ese sueño, cómo estás vestido, cómo caminas, qué haces, qué piensas, qué dices. Luego vuelve a tu presente y comienza a construir aquello que has visto. Empieza a parecerte a la persona que has visto. Comienza a practicarlo ahora mismo.

¿Cómo puedes hacer esto? Si tú eres una persona con futuro, no te vistas como una persona sin futuro. Vístete para tu futuro, **porque alguien debe ver quién eres, antes de escuchar quién eres**. Vístete de una manera que deje el mensaje que tú quieras transmitir. Invierte en ti mismo. Crece más rápido que cualquier otra persona. Mantente hambriento de conocimientos. Convierte el viaje hacia tu trabajo en una universidad móvil, leyendo, escuchando audios de capacitación, de motivación. Piensa y habla de ese sueño la mayor parte de tu tiempo. Eso hará que tú veas posibilidades continuamente y te moverás hacia ellas. Comienza colgando fotografías de éxito en tu propia mente: visualízate en salud, en prosperidad, en un matrimonio feliz; visualízate vencedor, victorioso.

Hablemos brevemente de la prosperidad. Tener dinero no te hace rico; la riqueza es mucho más que eso: la riqueza es un sentimiento que puede ser creado. Riqueza es tener salud, es saber lo que deseo; es amarme y amar, es disfrutar y compartir. El camino a la prosperidad es satisfacer tus necesidades para luego lograr tus deseos. Por ejemplo, necesidades son comida, ropa y techo; deseos serían comida buena, ropa de calidad y una casa espaciosa.

No hay nada malo con desear ropa de marca; lo que es incorrecto es que tú seas infeliz porque no tienes un estilo determinado de ropa. *"Yo necesito un automóvil"* como medio de transporte, no es lo mismo que *"Yo deseo un Mercedes Benz"*; lo deseo pero no lo necesito. Es importante conocer esta diferencia, porque cuando identificas tus necesidades y las distingues de tus deseos, tu vida se vuelve más sencilla.

Eres lo que piensas. Por eso, cuando controlas tus pensamientos, controlas tu vida.

Deja que tu imaginación trabaje en libertad. Te aseguro que cambiará hasta tu manera de hablar.

> **Tener dinero no te hace rico; la riqueza es mucho más que eso: la riqueza es un sentimiento que puede ser creado.**

> **Cuando identificas tus necesidades y las distingues de tus deseos, tu vida se vuelve más sencilla.**

4. Habla como un triunfador

Cuando vamos al médico, este nos dice: *"Saque la lengua"*, y con eso puede determinar un aspecto de nuestra salud. ¿Quieres conocer a una persona? Dile: *"Saca la lengua"*. Déjalo hablar y en tres minutos detectarás si está en la fila de los ganadores o en la de los perdedores.

Tu conversación revela si eres un ganador o un perdedor. Decídete a hablar soluciones y no problemas. Como bien decía Henry Ford: *"La mayoría de las personas gastan más tiempo y energías en hablar de los problemas que en afrontarlos"*. Habla un lenguaje de fe. Habla como los triunfadores. Los perdedores son expertos en problemas. Los ganadores hablan de obstáculos, los perdedores discuten sus obstáculos.

Deja de magnificar tus problemas, diciendo cosas tales como: *"Es tremendo"*; *"Increíble"*; *"No lo podrás creer"*. Elimina los términos absolutistas **siempre**, **nunca**, **todos** y **nadie**: *"**Nunca** me van a ascender"*; *"**Todos** se aprovechan de mí"*; *"**Nunca** me oye"*; *"**Siempre** se burlan"*; *"**Nadie** me quiere…"*.

> **Tu conversación revela si eres un ganador o un perdedor.**

> **Decídete a hablar soluciones y no problemas.**

Si tú eres una persona con futuro, habla de tu futuro.

5. Establece límites para lo malo y no para lo bueno

El límite es una línea común que divide dos posesiones, dos estados. Es la línea que señala el fin de una extensión. Debemos poner límites a lo malo y no a lo bueno. Generalmente, lo que solemos hacer es lo contrario: preferimos acotar, minimizar las cosas buenas que nos suceden y darle trascendencia a las cosas negativas. ¿Quién no ha escuchado este tipo de diálogos?:

–¿Te vas de vacaciones?
–Sí, pero aquí cerquita...

–¡Qué linda ropa!
–Sí, pero la compré de oferta...

Es más, cuando nos sucede algo positivo, expresiones del tipo *"No me lo merezco"*, *"Hay tanta gente mejor o más capaz que yo"*, *"La verdad que no lo esperaba"*, *"Fue*

> **Debemos poner límites a lo
> malo y no a lo bueno.**

solo buena suerte", *"Ni yo lo puedo creer"*, muestran claramente que nos cuesta mucho aceptar las cosas buenas que recibimos.

Incluso a veces, cuando comentamos u opinamos sobre asuntos de otra persona, nos cuesta ser equitativos. Debes aprender a utilizar el Método sándwich: dos rebanadas de felicitación y una de sugerencia. *Felicita, sugiere, y felicita.*

No debes estar en guardia todo el tiempo, pero comienza a familiarizarte con la crítica y a estar preparado para tratar con ella. Es más, debes aprender a relacionarte con gente problemática, siempre teniendo en cuenta, claro, que nadie puede hacerte sentir mal sin tu consentimiento. ¿Cómo es esto? Ocurre que lo que tú piensas de ti mismo es un asunto tuyo. Y lo que los demás piensan de ti, es un asunto de ellos. Por eso tú eres quien pone los límites.

Existen tres tipos de límites:

• **Límite Pasivo**: Si me gritan *"Bueno, no importa, es su carácter"*; si me manipulan: *"En el fondo tiene razón, lo estoy descuidando mucho"*.

• **Límite Agresivo**: Ocurre cuando una persona no permite que nadie le diga nada: *"¿Y tú quién te crees que eres para decirme eso?"*.

• **Límite Sano**: Aprendo a no reaccionar.

Si alguien te dice *"tonto"*, ese mensaje te afecta solamente si tú aceptas tal información. Si tú sabes que no eres un tonto, no tienes motivos para sentirte mal. Recuerda que se necesitan dos para bailar un tango. No le des autoridad a esa persona para que te saque de tus casillas, que no te haga perder la calma. No des valor a esas palabras, menosprécialas. No quieras demostrarle nada a nadie, simplemente vete si la persona está enojada. No sea que ganes una batalla pero pierdas la guerra. Si el enojado eres tú, no reacciones. Cierra tu boca, porque si la abres en ese momento de enojo, dirás algo de lo que luego te puedes arrepentir.

Existe una gran diferencia entre responder y reaccionar. Cuando reaccionamos, casi siempre los resultados son negativos. Cuando respondemos, tenemos más chances de encauzar todo hacia nuestro favor. Debemos escuchar sin reaccionar. Para ello, podemos utilizar el *método Ajá*: responder *"Ajá… Ajá…. Ajá…"*; o simplemente: *"Entiendo cómo te sientes, pero hablaremos de esto otro día. Adiós"*.

La Ley de Impenetrabilidad de la materia postula que dos cosas no pueden ocupar el mismo espacio al mismo tiempo. No puede haber algo positivo y algo negativo simultáneamente; no puede haber en nuestro interior resentimiento y paz, claridad y confusión.

El resentimiento es energía negativa y te impide crear éxito, riqueza y felicidad. Por eso, deséchalo de tu vida y no lo dejes volver.

6. Disfruta de los pequeños logros

Deja de correr desenfrenadamente por la vida. La impaciencia puede llegar a convertirse en uno de tus peores enemigos. Los sueños que valen la pena nunca están a cien metros de distancia; por lo general, están a kilómetros de distancia de donde estamos hoy. Bien sabrás que no es lo mismo correr cien metros que realizar un maratón de cuarenta y dos kilómetros. En este último caso, el atleta que sabe correr no sale a toda velocidad desde un principio, porque sabe que deberá regular su aire, su esfuerzo, que tiene mucho por delante.

La mayoría de la gente pasa su vida despierta, viviendo mentalmente en el pasado o en el futuro. Debes aprender que la felicidad es un lugar ahora, no un destino futuro. Insiste en que cada momento sea un momento de excelencia y de placer. Saborea cada instante. No tienes que esperar a llegar a la meta; disfruta el camino.

Te desafío a que tengas grandes sueños. Tú eres una persona única que encapsula un sueño fuera de lo común. Y ese **sueño fuera de lo común** requerirá **paciencia fuera de lo común**. Observa el siguiente ejemplo que nos ofrece la naturaleza. Existe un árbol en Asia, el bambú, que tiene una destacada singularidad, cuando se cultiva la semilla, se la riega todos los días durante cinco años. En ese período no sucede nada; no hay señales de su crecimiento, ni siquiera un brote. Pero un día, una vez transcurridos los cinco años, el árbol crece casi tres metros en cinco semanas.

Te pregunto: *¿cuánto tarda en crecer el árbol? ¿Cinco semanas o cinco años?*

Debes aprender que la felicidad es un lugar ahora, no un destino futuro.

No hay situaciones desesperadas, solo
hay personas que se desesperan.

Toma las cosas con tranquilidad. **Lidera tu vida**. No hay situaciones desesperadas, solo hay personas que se desesperan. Tu sueño generará adversidades, pero recuerda que adversidad es solo una página en tu vida, no un libro. El tamaño de tu sueño determinará el tamaño de tus adversidades, pero ten en cuenta que adversidad no es un muro, es una puerta para tu promoción. La adversidad no aborta tu futuro, te avisa que está llegando.

Tú y yo seremos recordados por los problemas que hemos resuelto o por los problemas que hemos creado.

Felicítate: ¡tu lucha indica que no te has rendido!

Tú y yo seremos recordados por los
problemas que hemos resuelto o por
los problemas que hemos creado.

Claves para liberar tu poder

- **La vista** es una función de los **ojos**.
- **La visión** es una función del **corazón**.
- Tus **imágenes mentales** se convierten en **tu realidad** y afectan tus pensamientos y tus acciones.
- No dejes que tu vista anule tu visión.
- No dejes que las malas noticias *condicionen* tu visión.
- **Visualiza** lo que quieres ser, tener o hacer. Hazlo continuamente, con vivacidad, intensidad y apasionadamente.
- La visión te permite ver cómo podrían llegar a ser las cosas. Todos los inventos, los aportes, los logros, nacieron primero **por el poder de la visión**.
- **Tu potencial** se activa cuando le dices SÍ a tu visión.
- La visión será tu **principal motivadora y la fuente de tu perseverancia**. La visión **persiste** aun cuando todas las estadísticas estén en contra. Tu visión desafiará probabilidades.
- No naciste para *hacer todo*. Naciste para hacer posible tu visión. Ella representa **tu sentido de realización**. Ella hará que te liberes de la mediocridad.
- Tu visión no tiene que ver con el pasado, sino con **el futuro**.
- El **éxito** sucede en etapas. Tu visión te hará seguir adelante a pesar de las circunstancias.
- Tu vida se **fortalece** con tu visión. Recuerda que la visión genera más visión.

- Tu visión **tiene un precio**: tiempo, dinero, injusticias, traiciones, etc. Pagarlo no es una carga. Tu pasión es más fuerte.
- Eres **responsable** de cuidar tu visión.
- Tu visión te hace hablar positiva y creativamente. **Los pensamientos diseñan futuro, las palabras lo crean**.
- Tu **éxito futuro** necesita de tu **pasión presente**. No comiences nada que no libere tu pasión. Tu pasión te mantiene enfocado. Es la señal de que tu visión es grande.
- **Fuiste creado para ser conocido por tu visión y por tu pasión por alcanzarla.**

Capítulo 6

Secretos de un conquistador

> *"Considero más valiente al que conquista*
> *sus deseos que al que conquista a sus enemigos,*
> *ya que la victoria más dura es la victoria sobre*
> *uno mismo."*
>
> Aristóteles

Todos admiramos a aquellos que han logrado conquistar algo: desde países hasta una copa deportiva. Si nos detenemos a observar, podemos ver que las personas que alcanzan sus objetivos han desarrollado algunas características comunes.

Tú también tienes en tu vida objetivos y metas que alcanzar y, seguramente, te preguntas cómo conquistarlas. Ser conquistador poco tiene que ver con lo que dice nuestra tarjeta de presentación, o con la marca de nuestra ropa o con el tamaño de nuestra oficina; se relaciona directamente con facetas que debes desarrollar en tu vida.

> **La actitud es más importante que los hechos.**

Existen siete aspectos importantes que no debes descuidar, si es que anhelas avanzar y ser un conquistador. Veamos a continuación cuáles son.

1. Actitud

La actitud es un sentimiento interno expresado en una conducta externa. Conocemos a la gente por sus actitudes. De dos personas que viven el mismo problema, una puede convertirse en resentida y la otra en luchadora. Para una puede representar su depresión y parálisis pero, para la otra, su avance. La actitud es más importante que los hechos. Una buena actitud vence las adversidades. No obstante, una mala actitud hará que no solo vivas mal, sino que también vivas menos. Sea lo que fuere aquello que enfrentes, no es tan significativo lo que te sucede, sino qué haces con aquello que te sucede. Tus actitudes determinarán la calidad de tus relaciones. Nadie quiere estar con gente negativa y pesimista. La gente con actitud atrae a su alrededor las conexiones que necesita y a la gente más maravillosa.

Ten en cuenta que tú eliges qué actitud tener. No debe ser la gente quien determine tu humor, tu pasión, tu accionar.

> **Tus actitudes determinarán la calidad de tus relaciones.**

Eres tú el dueño de tus decisiones y, por lo tanto, de tu vida. Eres tú el que determina la atmósfera. Hay personas que entran a determinado lugar y perciben un ambiente negativo o incómodo; se encierran, se inhiben, dejan de hablar o de sonreír. Dejan de ser ellas mismas. ¿Qué sucedió allí? Los demás determinaron su actitud. Pero si tú te ves a ti mismo como un generador de atmósfera, no te importará cómo los demás te miren o quieran influirte, porque serás tú el que cambie el ambiente. Muchas veces contratan a alguien por el talento, pero luego lo despiden por mala actitud. Hay quienes se casan por belleza, y luego se divorcian por actitud.

Recuerda que las oportunidades no son como las puertas automáticas, que caminamos y, cuando nos acercamos a ellas, se abren solas. Las oportunidades son como una puerta que dice "empuje". Todo lo que conquistemos en la vida será por empujar, y empujar está relacionado con la actitud. Tú y yo estamos aquí porque nuestra mamá pujó. ¿Sabes qué significa esto? Pujar es hacer fuerza para pasar adelante o proseguir una acción, procurando vencer el obstáculo que se encuentra.

Quizá tú dices: *"Si tuviera dinero, mi actitud sería diferente"*. Permíteme decirte que puedes llegar a tener todo el dinero del mundo y eso no te garantiza la actitud correcta. Debes diferenciar escasez de pobreza: escasez es falta de recursos, pero pobreza es una actitud mental. Puede ser que hoy no dispongas del dinero que necesitas para avanzar en tu objetivo, pero eres rico si tienes una actitud decidida y determinada para lograr ese objetivo. No es tu cuenta bancaria la que dará fortaleza a tu espíritu; es tu actitud de conquistador la que hará que llegues a la cima.

Cuídate de los mensajeros del desánimo. Cuando alguien te diga: *"Debo darte una mala noticia"*, tú responde:

> **Debes diferenciar escasez de pobreza:**
> **escasez es falta de recursos, pero**
> **pobreza es una actitud mental.**

"Dame la noticia y yo determinaré si es buena o mala". Recuerda que no es el hecho en sí, sino la actitud.

Pon en práctica el **principio de celebración**: todo lo que celebras se queda en tu vida; lo que no celebras, se va. Si celebras a tus hijos, ellos no buscarán la validación de malas compañías. Si celebras tus amistades, nunca te faltará un ser querido. Si celebras tu trabajo, podrás continuar expandiéndote. No dejes de celebrar todo lo que te fue dado y lograste. Celebra cada día de vida. Celebra que no hay otra persona como tú. Ya que todos los seres humanos somos únicos e irrepetibles, disfruta de tu singularidad. Disfruta de quién eres tú, de tu estilo, de tu forma de ser. Disfruta de tus virtudes, de tus éxitos, de tus sueños.

Cuando eres capaz de disfrutarte a ti mismo, no imitas a nadie. La imitación cancela lo más valioso que tú tienes: tu originalidad. No necesitas hablar como los demás hablan o actuar como los demás actúan. No renuncies a tu singularidad. Y entiende que tu proyecto es único porque tú eres único.

> **No dejes de celebrar todo lo que te fue**
> **dado y lograste. Celebra cada día de vida.**
> **Celebra que no hay otra persona como tú.**

No confundas popularidad con felicidad: la popularidad aparece cuando les agrado a otros; es ser reconocido por los demás, ser querido, respetado. Puedo ser popular pero no necesariamente ser feliz; porque la felicidad se relaciona con agradarme a mí mismo.

- **Popularidad** = *les agrado a otros.*
- **Felicidad** = *me agrado a mí mismo.*

Debes creer que eres extraordinario antes de convertirte en extraordinario. Porque como te veas a ti mismo, es como te verán los demás. La primera persona a la que debes impresionar es a ti mismo. Vislúmbrate extraordinario. Atrévete a ser tú mismo, y no pidas disculpas por eso.

Ocúpate de avanzar. Desarrollo personal no es competencia. Cuando un bebé aprende a caminar, está aprendiendo a avanzar; no está compitiendo con otros bebés. Cuando te comparas obsesivamente con otros, terminas enfocándote en tus debilidades. Busca ser el mejor, no en relación con otros o con el promedio, sino en relación con tu singularidad. **Sé la mejor versión de ti mismo**.

2. Objetivos claros

Cuando no sabes hacia dónde vas, cualquier camino te sirve y no existe nada que logre motivarte. En cambio,

---

**Debes creer que eres extraordinario antes
de convertirte en extraordinario.**

> **Cuando te comparas obsesivamente con otros, terminas enfocándote en tus debilidades.**

cuando tienes claros tus objetivos, despiertas todas las mañanas con fuego interior. Los objetivos claros producen que te levantes con pasión.

La conquista exige no ser ambiguo. Tus objetivos deben ser concretos y específicos. No podemos desear ingenuamente paz, pan y trabajo o salud, dinero y amor. Esas son meras expresiones de deseo. Porque no es igual la paz que yo deseo, que la que desea alguien que vive en Medio Oriente; no es lo mismo el deseo de un empresario próspero, que el deseo de un desocupado. Debes aprender a establecer claramente lo que quieres. Elimina la expresión más o menos. No determina ninguna realidad. *¿Cómo estás?: más o menos...* Puede ser que, al comienzo, tus objetivos sean imprecisos, pero no hay excusa para que permanezcan así. Debes procurar ser específico.

Cualquiera sea tu sueño a conquistar, lo primero que debes hacer es cuantificarlo, colocarlo en términos numéricos, porque lo que se puede medir se puede lograr. Lo que se puede medir se puede mejorar.

> **La conquista exige no ser ambiguo. Tus objetivos deben ser concretos y específicos.**

Nos incomoda hablar de números. Si alguien nos pregunta cuánto ganamos, enseguida sospechamos de él o lo miramos mal. Pero un sueño que no está cuantificado, difícilmente pueda ser alcanzado. Fracciona tu sueño en pequeñas metas. Estas serán indicadoras de que vas por buen camino hacia el logro de tu gran sueño, de aquello que anhelas conquistar.

Tu sueño debe ser grande, las metas deben ser pequeñas. Porque cuando planteamos metas grandes, nos frustramos si no las podemos conseguir. Si quieres hacer dieta y te has fijado como objetivo perder quince kilos, primero establece en el tiempo la fecha de concreción de ese objetivo: dentro de cinco meses. Recuerda: algún día no existe en el calendario de los conquistadores.

Ahora, fracciona ese objetivo en metas pequeñas: cada mes te determinas a perder tres kilos. Con cada meta que logres (con cada kilo que pierdas), se levantará tu estima, se activará tu motivación y seguirás avanzando hacia nuevos logros. Esta técnica nos brinda la satisfacción de los pequeños logros. Y así, cada mes tendrás un motivo para celebrar que llegaste a la meta.

Plantear tus objetivos es primordial, porque ellos determinarán a quién elegirás como mentor. Un mentor es alguien que logró lo que tú deseas conquistar. Él está más adelante en el camino que tú estás recorriendo. Por eso, tiene mucho para enseñarte. Un mentor no es un amigo: tu amigo te ama

---

**Un sueño que no está cuantificado,
difícilmente pueda ser alcanzado.**

> **Recuerda: algún día no existe en el
> calendario de los conquistadores.**

como eres, tu mentor te ama demasiado como para dejarte tal cual eres; tu amigo celebra tus logros, el mentor corrige tus defectos para que tus logros sean aún mayores.

T. D. Jakes, famoso obispo de Estados Unidos, afirma: *"Júntate con gente que te haga sentir un tonto"*. No porque te digan que eres un tonto (esa gente no te conviene; aléjate de ese tipo de personas), sino porque esa gente que se supera te hará crecer, producirá en ti el querer ir por más. Los objetivos apropiados te conectan con la gente correcta. Ten cuidado con aquellos que te distraen. Cada vez que dices "Sí" a algo que no tiene importancia, estás diciéndole "No" a algo que sí la tiene. Dile "No" al que te llama para tomar café y chismorrear. Huye de quien se ríe de tus sueños.

3. Perseverancia

No bajes los brazos. Niégate a darte por vencido. Algunos dicen: *"No me rindo tan fácilmente"*, pero otros dicen: *"No me rindo"*. No importa lo difícil que parezca la situación, si eres capaz de no rendirte, lograrás tu conquista. Sigue adelante. No renuncies por nada

> **Un mentor es alguien que logró
> lo que tú deseas conquistar.**

Huye de quien se ríe de tus sueños.

ni por nadie. La gente y las circunstancias pueden detenerte temporalmente, pero sólo tú puedes detenerte definitivamente.

Persevera. La vida no es una carrera de cien metros. Es una maratón. La diferencia entre los que llegan y los que no llegan es que los que llegaron siguieron corriendo cuando los demás abandonaban. El conquistador es aquel que puede trabajar más arduamente sin abandonar durante un período más largo de tiempo. Sigue, aunque parezca que todo se cae. Abandonar es lo más fácil; cualquiera puede hacerlo. Pero perseverar es una característica de los conquistadores.

Cuanto más grandes sean tus sueños, más obstáculos tendrás que enfrentar. Mientras más alto quieras llegar, mayor será la presión. A sueños grandes, presión grande, pero también recompensas grandes. Por eso, debemos aprender a manejar la presión. **Sonríele a la adversidad**. Ten en cuenta que la presión mejora tu rendimiento. Tu verdadero yo se manifiesta cuando enfrentas una situación delicada, cuando estás al borde del abismo. Todos tenemos el poder de elegir elevarnos por encima de nuestras circunstancias externas. Nunca cruzarás el

No importa lo difícil que parezca la situación, si eres capaz de no rendirte, lograrás tu conquista.

> **El conquistador es aquel que puede trabajar más arduamente sin abandonar durante un período más largo de tiempo.**

océano si abandonas el barco en la primera tormenta. Recuerda que el fracaso no existe; es una opinión. Todo lo que se hace por segunda vez se hará mejor. Las mejores empresas de este mundo han tenido más fracasos que aquellas que no han sobresalido.

Prométete a ti mismo perseverar. ¿La clave? Una vez más. Date una oportunidad más, un pedido más, una vuelta más. La mejor acción para el desaliento es cambiar el **Casi** (*Casi llego, Casi lo logro, Casi aprobé*), por **Una vez más**.

4. Preparación

La gente que llega a la meta, la que conquista, es gente que se ha preparado para ese sueño de una manera fuera de lo común. Porque si tu sueño es extraordinario, también tu preparación deberá ser extraordinaria. Debes asumir la disciplina de la preparación. Tu futuro tiene un precio, y ese precio es la preparación. No lo consideres como pérdida de

> **Porque si tu sueño es extraordinario, también tu preparación deberá ser extraordinaria.**

tiempo; es una inversión para tu mañana de éxito. Ella te revela el camino más seguro hacia el logro.

Este tiempo es muy importante. Por esto, debes estar con gente que te nivele hacia arriba. Porque cada vez que tú estás con alguien, avanzas o retrocedes. Júntate con otros conquistadores, con gente visionaria, que sume en lugar de restar y que te inspire a llegar más alto, más lejos y de mejor manera. Tú puedes rodearte por tres tipos de personas: *los NO QUIERO*, quienes se oponen a todo; *los NO PUEDO*, aquellos que fallan en todo y los *SÍ, SE PUEDE*, quienes hacen de todo. Muéstrate dispuesto a pagar cualquier precio por estar en presencia de gente extraordinaria.

Los libros que lees y la gente con la que te relacionas son elementos importantes de tu éxito futuro. Libros, lecturas, mentores, todos ellos te están preparando para el mejor momento de tu vida. Nunca te niegues a invertir en un buen libro. Quizá pueda parecer costoso, pero más costoso te saldrá no leerlo. Saber leer y no leer es casi lo mismo que no saber hacerlo. Nunca salgas de tu casa sin un buen libro. Te aseguro que nadie está lo suficientemente ocupado como para no poder dedicar al menos sesenta minutos diarios a una enriquecedora lectura.

La preparación creará en ti hábitos ganadores; te transformará en un experto. Porque la preparación aumenta

> **La gente que llega a la meta, la que conquista, es gente que se ha preparado para ese sueño de una manera fuera de lo común.**

nuestra confianza en nosotros mismos. Concéntrate en cualquier ámbito o habilidad con la firme decisión de mejorar diariamente. El momento más frustrante para alguien es que le llegue la oportunidad y no estar preparado. La preparación es determinante para el logro de tus metas. Aprendes que hay costos que pagar. Es el corredor que se levanta cada mañana, cuando nadie lo ve, y corre y corre sin ningún testigo. Cuida de no funcionar **en piloto automático**, porque la enseñanza que has recibido ayer probablemente no te sirva hoy. Recuerda que cuanto más sabes, más valioso eres.

La preparación desarrolla en ti una mentalidad de conquista. Adquieres una nueva concepción del tiempo. Ya no lo perderás como antes, porque sabrás que en todo este tiempo te estás preparando.

5. Ambición

No tienes derecho a nada que no estés dispuesto a perseguir. Y nunca lograrás algo a menos que se transforme en una obsesión para ti.

Sé adaptable, pero no conformista. Vamos a ejemplificar la diferencia: tú tienes un auto y te adaptas a él, pero no te conformes porque no es ese el auto de tus sueños. Tú tienes cierto ingreso y tus gastos se adaptan a él, pero no te conformes, porque tú puedes ganar

---

La preparación desarrolla en ti una mentalidad de conquista.

> **No tienes derecho a nada que no
> estés dispuesto a perseguir.**

más. No te conformes con lo que tienes; hay más por conquistar. Hay gente que se conforma si con aquello que gana puede cubrir su alquiler y el teléfono móvil. No te conformes con lo que ya has logrado: **SIEMPRE HAY MÁS**.

Existen dos momentos en los que puedes detenerte: después de una derrota, o después de una victoria. *¿Has atravesado una derrota?* Vuelve a leer el punto de la perseverancia. *¿Estás atravesando una victoria?* Celébrala. Déjame decirte que uno de los grandes premios de la victoria es la oportunidad de hacer más.

Al lograr un éxito temprano, tendrás mayores conexiones, mayor influencia, más amistades y mayores finanzas. El éxito de hoy te da una visión tremendamente objetiva del mañana; te rescata de un mundo fatalista y te pone en una posición en la que todo es posible. Celebra tu triunfo, pero recuerda que hay una cima nueva esperando a que tú la conquistes. Tu último éxito puede transformarse en tu peor enemigo, si es que decides detenerte en él. Celébralo, disfrútalo, pero recuerda: hay más por conquistar.

> **Déjame decirte que uno de los grandes premios
> de la victoria es la oportunidad de hacer más.**

Nunca te marees con pequeños triunfos que te alejarán de la posibilidad de atrapar el gran triunfo, pues no hay cima ni estación terminal, salvo que tú lo decidas.

No niveles hacia abajo. Niégate a aceptar cualquier cosa que se parezca a la mediocridad. Toma el compromiso de ser excelente en todo lo que hagas. La excelencia no es algo que hacemos para otros, es un regalo que nos dedicamos a nosotros mismos. Considera que lo bueno es enemigo de lo mejor, y lo mejor es enemigo de lo excelente.

Anímate a declarar: *Me rodearé de todo lo mejor.*

Rodéate de todo lo mejor, porque aquello que te rodea influirá en cómo te sientas. Es mejor tener un par de zapatos de primera calidad, que tres pares mediocres. Premiarnos con cosas de calidad envía un mensaje hacia lo más profundo de nuestro ser: *soy digno de estas cosas y me las merezco.*

Llegarás a declarar: *mis gustos son sencillos; me conformo sólo con lo mejor.*

6. Responsabilidad

Ser responsable está relacionado con asumir la conducción de tu vida. Cuando te responsabilizas de lo que te ocurre, entonces dejas de culpar y de quejarte y comienzas a focalizarte en tu sueño. Cuando llega el momento de justificar por qué no obtenemos nuestro sueño, generalmente comenzamos con excusas: *"No me apoyaron"*; *"No me entendieron"*; *"Estoy solo"*; *"Es difícil…"*. Siempre tendrás razones para justificarte. Las excusas no eximen de responsabilidad. Eres responsable de tu vida. Dueño de tus alegrías y de tus tristezas. Dueño de tus resultados. No eres responsable de la cara que tienes, pero sí de la cara que pones.

Sé confiable. Que tu sí sea sí y que tu no sea no. Di siempre la verdad. Existe un gran poder cuando uno es conocido como una persona que dice la verdad. *Di siempre la verdad y no tendrás que hacer memoria.* No decir la verdad genera estrés, requiere energía: debes recordar qué dijiste, a quién se lo dijiste y cómo se lo dijiste. Admite tus equivocaciones. No te escondas. Utiliza la **fórmula R y R**: **Reconoce y Ríete** de tus errores. Considérate el principal responsable de lo que haces y te sucede. Responsabilidad es la actitud que eliges al comenzar cada día. Espera cada vez menos de los demás y cada vez más de ti. En cierta ocasión, un alumno le comentó a su maestro lo costosas que estaban las cosas. El maestro le aclaró la situación diciendo: *"El problema no es que las cosas cuesten mucho, sino que tú no puedes pagar lo que ellas cuestan".* Entonces el alumno entendió que el problema no eran las cosas; el problema era él que no ganaba lo suficiente para adquirirlas. Eso es ser responsable.

Eres responsable, pero no víctima. No puedes pasar tu vida actuando desde la postura de víctima: *"Soy pobre";*

Las excusas no eximen de responsabilidad. Eres responsable de tu vida. Dueño de tus alegrías y de tus tristezas. Dueño de tus resultados. No eres responsable de la cara que tienes, pero sí de la cara que pones.

"Nadie me quiso"; *"Me abandonaron"*. Deja de viajar por la vida como acompañante, siéntate en el asiento principal y conduce. No preguntes más: *"¿Por qué me hacen esto?"*, sino: *"¿Por qué me hago esto?"*. Puesto que si no asumes tu responsabilidad, todos los diagnósticos serán equivocados frente a los problemas que se te presenten. Tal vez no seas responsable de lo que te ocurrió en el pasado, pero sí eres responsable de lo que hagas a partir de hoy. Deja de justificarte y no coloques techos en tu vida.

Asume tu responsabilidad y superarás tus límites.

7. Disfrute

Pasar todo el tiempo trabajando no te hará más productivo; comprobar los correos en tu computadora a cada minuto no te hará más eficiente. Renunciar a las vacaciones no te convertirá en el empleado del mes. Cuida de no llegar a ser la persona más rica del cementerio. Nunca he visto un funeral con un camión de mudanzas detrás. Cuando lleguemos al final de nuestra vida, poco lamentaremos no haber ganado más dinero. Seguramente nos habremos de lamentar por no haber visitado esos lugares deseados, esas amistades descuidadas; lamentaremos los riesgos que no hemos asumido. Si lo crees necesario, tómate un minuto para hacer una llamada ahora mismo. Dile a esa persona lo mucho que la quieres, lo significativa que es para ti.

Espera cada vez menos de los demás y cada vez más de ti.

Lo que más deseas tener en la vida es precisamente aquello de lo que debes desprenderte, aquello que debes sembrar. Déjame explicártelo: ¿deseas más comprensión? Sé más comprensivo. ¿Deseas lealtad? Sé leal. Es el **efecto boomerang**: reparte lo que más deseas y te será devuelto.

Como nos comparte mi hermano, Bernardo Stamateas, conferencista y autor de varios best sellers, en uno de sus libros:

"Las personas felices saben reír, eso las fortalece. Además, la risa reduce el estrés y activa las endorfinas que producen la relajación; libera las vías respiratorias; combate el insomnio. Por esto y mucho más, ¡necesitamos divertirnos un poco más! Pero tenemos que aprender a movernos no por las circunstancias, sino por la convicción de que el problema que tenemos hoy, lo vamos a atravesar, que es momentáneo, y no permitir que nos cambie la vida. Tenemos que decidir ser felices. Si nos detenemos en las pequeñeces, nos desenfocamos del objetivo que queremos alcanzar.

La vida se va rápido. Por lo tanto, no debemos perder el tiempo en lo intrascendente. En conclusión, las personas felices viven al 100 %, no aceptan la mediocridad, ni se conforman con menos de lo que soñaron para sus vidas."

Ten siempre la sensación de estar yendo, no de haber llegado. Porque el auténtico valor de una conquista no está en el resultado logrado, sino en lo que el trayecto te va enseñando.

Claves para liberar tu poder

- **Aptitud es capacidad; nos permite obtener** logros.
- **Actitud** es comportamiento; nos permite **conservar** los logros obtenidos.
- Para la conquista de tus sueños *necesitarás* **aptitudes, pero** *serán decisivas* **tus actitudes.**
- Transfórmate en el **amo** de tus actitudes, y no en víctima de ellas.
- **Método SMART** para la claridad de objetivos: mucha gente no obtiene lo que pretende porque no se ha planteado de la manera correcta lo que quiere, o porque se ha fijado objetivos que exceden a sus posibilidades reales. Este tipo de proyectos está condenado al incumplimiento antes de su inicio.
- **Smart** es un acrónimo de cinco palabras que hace referencia a una metodología *inteligente* (de su traducción del inglés) para definir objetivos y alcanzar metas. Cada letra define una característica que nuestros sueños deben cumplir:

- **S** *(Specific)* específico. No se admiten ambigüedades. Cuanto más concreto sea, más fácil resultará diseñar las acciones a realizar. Establece claramente lo que quieres, de manera positiva y en primera persona, por ejemplo, "Yo quiero comprarme un auto marca X modelo XX color azul Francia". Lo específico remite a lo *cualitativo* de tu objetivo. Estas preguntas te ayudarán a identificarlo: *¿Qué*

*es lo que quiero exactamente? ¿Cuál es el resulta-
do que deseo obtener?*

- **M** (*Measurable*): medible. Los parámetros claros te
  permitirán monitorearte, saber que estás en el camino adecuado o realizar los ajustes necesarios para
  estarlo. Lo que no se puede medir, no se puede
  gestionar. Lo medible remite a *lo cuantitativo* de
  tu sueño. Redáctalo de manera que puedas medir
  tu progreso. Estas preguntas te ayudarán a identificarlo: *¿Cómo puedo ponerle números a mi objetivo? ¿Cómo puedo redactarlo para que mi progreso sea medible?*

- **A** (*Achievable*): alcanzable. Debe ser algo posible de
  realizar de manera de poder delinear acciones espe-
  cíficas que dependerán de ti. Debe ser desafiante
  pero realista, es decir, alejando de expectativas fuera
  de tu realidad. Lo alcanzable implica tener *conciencia de los propios recursos.* Estas preguntas te ayudarán a identificarlo: *¿Sobre qué me baso para decir
  que lo lograré? ¿La meta depende de las decisiones
  de otra persona? ¿Cómo puedo redactar mi objetivo para que sólo dependa de mí?*

- **R** (*Relevant*): relevante. Debe ser *importante* para ti
  de modo que te impulse con la actitud correcta y
  necesaria. Estas preguntas te ayudarán a identificarlo: *¿Para qué quiero lograrlo? ¿Qué tan importante
  es para mí? ¿Qué estoy dispuesto a hacer y dejar de
  hacer para lograrlo?*

- **T** (*Time*): se ajusta a un tiempo para ser concretado. Implica establecer *plazos* de inicio y de finalización: año, mes, día y hora. Estas preguntas te ayudarán a identificarlo: *¿Cuándo voy a alcanzarlo? ¿Cuándo voy a comenzar? ¿Cuál es la fecha límite?*

Capítulo 7

No me conformo, yo me transformo

Toda la vida se compone de cambios. Cambios en nuestro cuerpo, climáticos, de gobiernos, de modas, de leyes, de las costumbres… Si hay algo que no podemos detener ni controlar es la realidad del cambio y del paso del tiempo.

Si es así, *¿por qué nos resistimos al cambio? ¿Por qué nos cuesta tanto cambiar?* Hay gente que insiste en seguir adelante con aquello que ya no le sirve más y muchas veces esa obsesión la priva de experimentar nuevas y grandes oportunidades.

Lo cierto, es que cada vez que una situación de cambio nos sorprende, activamos una serie de alarmas en nuestro interior.

Alarma por el miedo a lo desconocido. *¿Cómo sigue esto? ¿Qué hay más adelante?* La ausencia de información nos genera inseguridad e incertidumbre.

Alarma que proviene de la voz de la comodidad. *El cambio nos saca de la zona de confort*, que no tiene este nombre casualmente: *estamos cómodos así, ¿para qué cambiar entonces?* La luz del éxito enceguece a muchos y no les deja ver las evidencias que reclaman cambios. Así es como podemos pasar, de un momento a otro, del éxito al fracaso.

Alarma por el recuerdo de experiencias negativas. *"¿Poner un negocio? Noooo, si en el último me fue mal". "¿Volver a enamorarme? ¿Para qué? ¿Para volver a sufrir? No, basta para mí"*. Aunque parezca evidente al ser enunciado, necesitamos aceptar que lo que pasó, pasó. A veces se gana, y a veces… ¡se aprende! La ganancia que surge de cada situación negativa es la de aprender la lección, olvidar los detalles y seguir adelante.

Alarma por temor a perder los beneficios. *Como estoy un poco deprimido, mis amigos me llaman y me miman. Si me recupero y vuelvo a estar bien, ¿dejaré de recibir cariño?*

Todas estas alarmas ponen de manifiesto emociones (temor a lo desconocido, a perder la comodidad, por los recuerdos negativos, miedo a que dejen de amarme) que nos hacen reaccionar de manera defensiva. ¿Cómo?:

La ganancia que surge de cada situación negativa es la de aprender la lección, olvidar los detalles y seguir adelante.

Negando la realidad

"No pasa nada, no es sobrepeso, voy a bajar rápido estos 30 kilos de más".

Negando la validez de la información nueva

"Ese método no va a funcionar".

Racionalizando y rechazando

"No tengo por qué asustarme, soy muy perseverante; cuando me lo propongo, bajo de peso".

Algunas personas llevan a cabo *cambios que no cambian nada*: por ejemplo, tu pareja te pide que asistan juntos a terapia; le dices que no es necesario, que has entendido sus demandas. Entonces, para demostrarle tu comprensión, le regalas un anillo de oro y brillantes. Con lo cual, ahora en lugar de uno, tienes dos problemas: ella sigue pidiendo que vayan juntos a terapia y tu resumen de la tarjeta de crédito se ha incrementado.

Mucha gente desea y busca cambios afuera: en sus hijos, en su pareja, en su ambiente laboral. Pero no resulta un proyecto eficaz ni recomendable buscar que cambien los demás o que cambie lo externo. Recuerda que para que cambien las circunstancias, primero necesitas cambiar tú. Si tú cambias, todo cambia.

¿Cuál es la diferencia entre los vivos y los muertos? Los muertos hacen lo mismo todos los días. Parecida a

> **Recuerda que para que cambien las circunstancias, primero necesitas cambiar tú. Si tú cambias, todo cambia.**

ellos es la gente que se resiste a los cambios: quiere hacer lo mismo todos los días pero, paradójicamente, obtener resultados distintos.

El cambio ocurre básicamente por dos motivos: por inspiración o por desesperación.

• Por inspiración

Sucede cuando *"nos cae la ficha"*, cuando se nos revela, es decir, que estaba oculto y sale a la luz; estaba frente a tus ojos, pero no lo veías.

• Por desesperación

La desesperación puede ser el resultado final de meses o años de hacer oídos sordos, de negligencia acumulada, de decisiones equivocadas. O puede ocurrir… porque simplemente nos tocó: llegaste al trabajo y te echaron; tu pareja, después de años de hermosa convivencia, te dijo que necesitaba un tiempo porque estaba confundida… Cuando los cambios ocurren por desesperación, es porque llegamos tarde. El mejor momento para cambiar es cuando todavía no es necesario hacerlo.

Por lo tanto, los cambios por desesperación no son los más recomendables, dado que si no son cambios activados por la conciencia de *"no quiero más esto… esto sí es lo que quiero"*, no sirven. No son cambios, son maquillajes, o cambios cosméticos.

El mejor momento para cambiar es cuando todavía no es necesario hacerlo.

Recuerda que tu exterior no cambia si primero no cambia tu interior.

Cuando nos sentimos insatisfechos, el primer lugar donde debemos poner la mirada es en el interior de nosotros mismos. Cuando queremos seguir desarrollándonos y creciendo, en cualquier área de la vida, el primer lugar donde debemos poner la mirada es en nuestro interior. Las cosas no se resuelven de afuera hacia adentro, sino de adentro hacia afuera. Porque el cambio primero tiene que cambiarte la mente.

Todo cambio que no cambie tu manera de pensar no es cambio. Cuando cambia nuestra manera de pensar, nos sentimos diferentes, actuamos diferente y tenemos resultados diferentes. **Nada cambia hasta que no cambia tu mente**. Si cumples un sueño, por ejemplo, logras ese trabajo anhelado, pero no cambias tu manera de pensar, tendrás grandes posibilidades de perderlo, porque estarás en una nueva posición haciendo uso de una vieja manera de pensar. Por ejemplo, estás endeudado y recibes un aumento ¡Es reconfortante saber que podrás cancelar tus deudas! Pero como han aumentado tus recursos, luego aumentas también tus gastos. Es así como en dos meses volverás a estar endeudado. Porque han crecido tus ingresos, pero no has crecido tú.

Recuerda que para que cambien las circunstancias, primero necesitas cambiar tú. Si tú cambias, todo cambia.

Por lo tanto, los cambios que queremos ver –en nuestras emociones, familia, finanzas, etc. –, comienzan con un cambio en nuestros patrones mentales. Si queremos que los cambios que logremos sean perdurables, deberán estar precedidos por un cambio en la manera de pensar; si no, solo serán cambios temporales.

¿La realidad que nos toca hoy no es la que más nos gusta? No la neguemos. Simplemente se trata de no aceptarla como definitiva en nuestras vidas. *No estamos en la vida para sobrevivir, sino para vivir una vida de plenitud y propósito.*

Los cambios externos no matan, por el contrario, fortalecen. Llegan para activar tu potencial, despertar al escritor que hay dentro tuyo, al empresario, al comerciante exitoso, al conquistador. Sirven para entrenarte para estar donde nadie logró llegar. No te conformes. Acepta el presente pero dirígete hacia mayores y mejores contextos que alcanzarás mediante tu transformación interna.

Recuerdo que durante mi niñez veía negocios que, cuando se vendían o alquilaban, mientras se hacían las reformas para la nueva actividad, ponían un cartel en la vidriera que decía: *"Grandes reformas por cambio de dueño"*. Pero no recuerdo ningún cartel que dijera *"Grandes cambios por reforma de dueño"*. Sin embargo, esos son los cambios significativos, aquellos que nos transforman. Estos son los cambios que inauguran una nueva conciencia.

Todo cambio que no cambie tu manera de pensar no es cambio.

Un líder eficaz no es el que tiene todas las respuestas, sino el que hace las preguntas correctas. Todos nuestros procesos de cambio comienzan con preguntas. Nuestro proceso de transformación también.

Las siguientes son algunas preguntas para la transformación.

¿Quién soy yo?

Es mi identidad. Si no tengo en claro quién soy, me encontraré imitando a alguien que admiro. Cuando somos copia, terminamos siendo mediocres. No nacimos para ser copias. Somos originales. Si fueras igual a los demás, *¿qué tendrías de diferente para ofrecerle a la humanidad?* Muchas veces nos enfocamos en nuestras debilidades, en los errores que cometimos o en lo que no tenemos. Eso nos desenfoca: *"No sé hablar, soy tartamudo, soy tímido".*

Yo no soy esa debilidad. Yo tengo (por ahora) esa debilidad.

Yo no soy ese error. Lo hice, pero no lo soy.

Yo no tengo eso que quisiera tener, pero sigo siendo yo aunque no lo tenga.

Las principales limitaciones habitan en nuestra mente, en nuestra manera de pensar. Por eso es necesario

> **Un líder eficaz no es el que tiene todas las respuestas, sino el que hace las preguntas correctas.**

periódicamente revisar nuestro sistema de creencias, porque todo lo que creemos, lo damos por cierto: si crees que eres grande, eres grande; si crees que no es para ti, no es para ti. Lo que pensamos acerca de nosotros mismos determina cómo nos sentimos, lo que hacemos y lo que obtenemos. Cuando sobreviene un pensamiento limitante, una emoción negativa, es importante recordar quiénes somos. Cuando la mente te diga *"tu abuelo fue así, tu papá fue así"* recuerda quién eres: *yo no soy mi abuelo, ni mi padre; yo soy yo.*

Es imposible que los que nos rodean no opinen de nosotros. Pero de todos los juicios, el más importante es el que cada uno haga de sí mismo.

¿De dónde vengo?

¿Cuántas veces nos hemos olvidado las llaves o los documentos y esto alcanzó para alterarnos el día? Nuestros olvidos traen consecuencias. Por lo tanto, nunca te olvides de tu origen. Te conservará en humildad. Que los logros te provoquen alegría, pero no orgullo. Que observar cuánto te has superado a ti mismo sea fuente de orgullo. El éxito engendra amnesia y nos hace olvidar de dónde hemos venido y quiénes nos han ayudado a llegar. *El éxito tiene un alto componente etílico: debes permanecer atento a no terminar ebrio...*

Las principales limitaciones habitan en nuestra mente, en nuestra manera de pensar.

¿Qué edad tengo?

Miro hacia atrás y observo si crecí y si maduré emocionalmente y espiritualmente.

Me pregunto si sigo desarrollándome, capacitándome, mejorándome en todas las áreas de la Rueda de mi Vida. ¿Defines la vida como un arco o como una flecha? ¿Piensas que todavía tienes mucho por lograr? Revísalo para no envejecer antes de tiempo. *Recuerda que tienes la edad que tiene tu fe.*

¿Dónde estoy?

Necesitas saber dónde estás en cada área de tu vida. El GPS calcula el viaje a partir de tu ubicación actual. Si sabes dónde estás parado, podrás fijar tus objetivos. Cuando los cambios se sucedan lentamente, decide permanecer firme. Cuando los cambios transcurran rápidamente, decide permanecer firme.

¿Hacia dónde estoy mirando?

Donde coloques tu foco, pondrás tu compromiso. Aquello en lo que te enfoques se convertirá en algo cada vez más importante para ti. No busques que las cosas sean más fáciles, busca mejorarte. No pidas menos problemas, busca más capacidad. No pidas menos desafíos, busca más sabiduría.

**Si sabes dónde estás parado,
podrás fijar tus objetivos.**

¿Eso me preocupa o me ocupa?

Es cierto que no puedes cambiar el pasado, pero en cambio puedes arruinar el presente y el futuro por preocuparte por él. Estás pensando y pensando todo el día: *"¿Cómo voy a hacer?"*. A la noche tu cuerpo se acuesta, pero tu cabeza sigue girando; te levantas y te sucede lo mismo. La preocupación es un ladrón que roba nuestra mente, nuestras horas, nuestra paz y nuestra salud. *No nacimos para estar preocupados sino ocupados.*

No permitas que tu mente se convierta en un obstáculo para conseguir lo que te propones. Quizás has probado, lo has intentado y te ha ido mal o no has obtenido los resultados que esperabas, pero siempre puedes volver a probar, a intentarlo, y triunfar hoy. *Quizás has tomado malas decisiones ayer, pero hoy tienes el poder de tomar decisiones sabias.*

¿Con quiénes estoy viajando?

La gente que te rodea tiene gran influencia sobre tu presente y tu futuro. Por lo tanto, rodéate de gente que saque lo mejor de ti, que te potencie, que te inspire, que te activen la fe y la esperanza. Evita rodearte de personas que roben tus ganas, tus motivos, tu fuerza, tus sueños o tu fe en ellos. Rodéate, en cambio, de gente que te agregue valor.

> **Es cierto que no puedes cambiar el pasado, pero en cambio puedes arruinar el presente y el futuro por preocuparte por él.**

Observa muy bien a tu alrededor la gente que te rodea; tal vez no has llegado lejos todavía porque hay gente mediocre allí. Elige ahora quiénes van a formar parte de tu círculo íntimo. Es mejor estar solo durante un tiempo prudente que estar rodeado por personas que te dificultan u obstaculizan el camino. Cuando estás arriba, tus amigos saben quién eres. Cuando estás abajo, tú sabrás quiénes son tus amigos. No tenemos la vida que merecemos, tenemos la vida que diseñamos con nuestras decisiones y transformaciones.

¿Cuál es mi propósito detrás de lo que busco?

Encuentra tu misión. Es tu razón de ser, lo que otorga un propósito a tu trabajo cotidiano. El principal impulsor para levantarte cada mañana con pasión es tu sentido de trascendencia. Deja que tu *"para qué"* construya tu *"qué"*. No busques ser famoso, busca ser valioso y la fama vendrá sola. Es fácil obtener fama hoy. Cualquiera puede ser famoso, pero ser valioso no es para muchos. Que tu propuesta de vida sea relevante para muchas personas. Acciona con todo tu corazón y haciendo uso de todos tus recursos disponibles. Será suficiente para marcar la diferencia.

> **Elige ahora quiénes van a formar
> parte de tu círculo íntimo.**

Claves para liberar tu poder

- El **Aprendizaje Transformacional** no está basado en lo cognitivo sino en lo experiencial.
- Necesitamos **aprender a aprender**, repensar nuestras maneras de interpretar y nuestras creencias.
- ¿Para qué sostengo pensamientos o creencias que **no me sirven** para mis nuevos desafíos?
- La **zona de confort** es la zona metafórica donde estamos, donde nos movemos libremente y nos sentimos cómodos porque las cosas allí nos resultan conocidas, sean o no agradables. En esta zona encontramos nuestros conocimientos, habilidades, hábitos, rutinas, actitudes. Cuando permanecemos aquí, nos autolimitamos sin ser conscientes de ello.
- Alrededor de la zona de confort se encuentra la **zona de aprendizaje**.
- **Resistencia** es la respuesta natural ante la posibilidad de que algo o alguien desafíe nuestros valores y creencias.

Posibles causas	Posibles respuestas
No se sabe	Información
No se puede	Capacitación
No se quiere	Incentivación

- Pasos a seguir para el cambio:

Evalúo mi insatisfacción actual.

Analizo mis valores presentes.

Desarrollo mi visión futura.
Establezco objetivos.
Desarrollo estrategias.
Planifico acciones.

¡Acciono!

Capítulo 8

Vivir al máximo

"La tragedia de esta vida no es que termine pronto, sino que tardemos tanto en empezar a vivirla."

W. M. Lewis

La idea de que la felicidad siempre está por venir es una gran trampa. Podemos perder importantes oportunidades y poderosos vínculos al estar en la espera eterna de la misma. Por eso, en lugar de pensar la felicidad como algo que vendrá, la propuesta es construirla día a día con los actos cotidianos, de manera sencilla. Porque una vida plena no se relaciona con aquello que nos sucede, sino con lo que hacemos con aquello que nos sucede. No es tanto lo que me pasó, sino lo que pienso hacer con lo que me pasó.

Acción + Reacción = Resultado

No somos responsables de muchas situaciones que hemos vivido (**Acción**), pero sí lo somos de aquello que haremos con respecto a lo que hemos vivido (**Reacción**). La felicidad no está condicionada al cumplimiento de algunos eventos futuros. No es *"Cuando mis hijos terminen sus estudios"*, *"Cuando me mude"*, *"Cuando…"*. Tampoco se trata de entender la felicidad de un modo potencial: *"Ojalá"*, *"Algún día"*, *"Dios quiera"*. Tienes derecho a vivir al máximo: **aquí y ahora**.

Para ello, te propongo seis decisiones importantes y sencillas de llevar a cabo, que te ayudarán a visualizar y a disfrutar de la felicidad que mereces.

1. Reconoce tu misión personal

Todos los seres humanos hemos nacido con un propósito o sentido de la vida: nuestra misión. Lo que algunos llaman **el sentido o propósito de la vida** es el fin principal de nuestra existencia; es lo que justifica nuestro ser. Cuando logramos identificarlo y asumimos el compromiso de ir detrás de él, esa determinación se transforma en una fuerza interior lo suficientemente poderosa como para hacernos superar los obstáculos y las circunstancias que se nos presenten.

Vivir en tu misión te transforma en la persona que debes ser.

No somos responsables de muchas situaciones que hemos vivido (Acción), pero sí lo somos de aquello que haremos con respecto a lo que hemos vivido (Reacción).

Vive tu misión; no anheles vivir la vida de otros porque terminarás frustrado, cancelando lo más precioso que posees: tu condición de único. Eres singular; no andes viviendo vidas ajenas. Vive tu propia vida y no pidas permiso para hacerlo.

Vivir en tu misión hace que te levantes cada día con pasión. No necesitas que te motiven, que te alienten, que te den ánimo; eres tu propio motor generador de energía.

Piensa y responde sinceramente estas dos preguntas que te ayudarán a descubrir tu misión:

- *¿Cuáles son mis dos mejores habilidades?*
- *¿Cómo quisiera que me recuerden?*

En esas dos respuestas se esconde tu propósito. Visualízalo. Porque todo sucede primero en la mente. Visualizar nos permite crear imágenes en nuestra mente que nuestro cerebro acepta como reales; de esta forma nuestros actos se encaminan para obtener lo que hemos visto. Al principio, tal vez las imágenes no sean lo suficientemente claras o evidentes, pero en la medida que tú accionas, te mueves, ellas se irán definiendo con mayor exactitud. Actúa como si ya fueras lo que deseas ser, como si ya tuvieras lo que deseas tener.

Recuerda: cuando decidimos vivir el propósito de nuestra vida, nos encontramos en el camino de la realización personal. Toda nuestra vida se resume en una palabra: decisiones.

Es verdad que quizás en nuestra niñez no tuvimos la posibilidad de decidir por nosotros mismos, pero no podemos detenernos en el pasado, lamentándonos por las decisiones que tomaron nuestros padres. No somos responsables de lo que sucedió, pero sí de lo que hagamos con aquello que nos sucedió.

Muchas veces la toma de decisiones se transforma en una especie de guerra civil interior. Pero debes recordar que la libertad es la capacidad de vivir con las consecuencias de nuestras decisiones. Tus decisiones hablan de lo que tú eres; es más, si tú no decides, alguien lo hará por ti. Y cuando permito que otros decidan por mí, solamente muestro una autoestima devaluada. Decisión es un poder extraordinario, porque afecta tu universo: tu familia, tu salud, tu trabajo... Pregúntate si lo que estás decidiendo hoy te acercará al lugar donde quieres estar mañana.

No esperes ver todo con claridad para decidir. Soluciona las cosas, bien o mal, pero hazlo rápido. Aun si lo solucionas mal, luego aprenderás la lección y entonces, la próxima vez, podrás resolverlo bien. Dijo Heráclito, un antiguo filósofo griego: *"El hombre que pretende ver todo con claridad, nunca decide"*.

La peor decisión es la indecisión. Algunos esperan el momento perfecto para arriesgarse. Te aseguro que el momento perfecto es **AHORA**.

Recuerda: la última palabra siempre la tienes tú.

**Toda nuestra vida se resume en
una palabra: decisiones.**

> **La libertad es la capacidad de vivir con las consecuencias de nuestras decisiones.**

2. Suelta tu pasado

Como mencioné en el capítulo cinco, un nostálgico es una persona que tiene más pasado que futuro. Alguien cuyo pasado tiene más peso que su presente o futuro, porque sus recuerdos son más numerosos que sus sueños. La nostalgia acerca de lo que fue o lo que pudo haber sido, nos distrae del hoy, nos impide descubrir y disfrutar de lo que nos rodea y de quienes nos rodean.

Cuando tus recuerdos son más grandes que tus sueños, estás comenzando a morir.

Necesitamos una nueva perspectiva de los hechos. Una nueva mirada que nos brinde una enseñanza de cada experiencia vivida. No se trata de renegar del pasado o de ignorarlo como si no nos hubiese sucedido nada, sino de darle un nuevo significado a lo que nos pasó, para que su efecto en el presente sea positivo y enriquecedor. No repases todos los días las cosas tristes que te han sucedido. Ten en cuenta que cuando aprendas a administrar el álbum de tu mente y a ver los recuerdos positivos, estarás preparado para disponer de todo lo bueno que vendrá en tu vida.

> **Cuando tus recuerdos son más grandes que tus sueños, estás comenzando a morir.**

Hoy en día, gracias al avance tecnológico, ya no debemos esperar a revelar un rollo fotográfico para ver qué fotos resultaron buenas y cuáles son para descartar. Con las máquinas digitales, al momento de tomar la fotografía, podemos decidir si guardamos esa imagen o la eliminamos. Toma esto como ejemplo. Aprende a administrar tus recuerdos: que las fotos que guardas sean las más lindas. Los recuerdos que elijas mantener son los que te darán coraje o te lo robarán. Ayudarán a tu fe o te llenarán de dudas.

Entre el pasado y el futuro: hoy. El único momento que existe es el actual. Se llama **presente** porque es un regalo. *¿Estás disfrutando del obsequio?* No te preocupes por lo que aún no aconteció. Deja de vivir con la carga de lo que ha sido y con la ansiedad de lo que aún no fue. No te detengas observando el envoltorio: sé el protagonista principal de tu propia vida, disfruta de tu presente.

Hazte cargo de tu momento actual, toma las riendas de tu hoy. El hombre más sabio de la historia, Salomón, declaraba: *"Nunca preguntes: ¿por qué todo tiempo pasado fue mejor? No es de sabios hacer tales preguntas"*. Anímate a creer y a declarar: *"Aprenderé a ver la vida a través del parabrisas y no del espejo retrovisor"*.

Ten en cuenta que cuando aprendas a administrar el álbum de tu mente y a ver los recuerdos positivos, estarás preparado para disponer de todo lo bueno que vendrá en tu vida.

3. Perdónate y perdona

Disfruta de tu derecho a cometer errores. No te condenes. Tienes derecho a cometer errores, pero no a repetirlos.

¿Cómo aprendiste a andar en bicicleta? Probablemente, cayéndote muchas veces. No temas equivocarte, es imposible evitar las equivocaciones, son parte de la vida, son parte del aprendizaje, son parte del camino al éxito. Los errores pueden enseñarnos, siempre y cuando estemos dispuestos a aprender de ellos. Si adoptas este enfoque, te aseguro que cada error envolverá una semilla de aprendizaje, una real posibilidad de crecer. Un error encierra una nueva oportunidad. Cada vez que cometas un error, aprende todo lo que puedas de él y así estarás mejor preparado para la vez siguiente. Tú no eres víctima de las circunstancias, por lo tanto asume la responsabilidad de tu vida. Perdónate hoy por los errores que cometiste ayer e incluso por los que cometerás mañana.

Me gusta pensar la figura del perdón como la *"liberación de un prisionero: yo mismo"*; cuando perdonas, el principal beneficiado eres tú. Perdonar no cambia el pasado, pero sí el futuro.

Perdón es un desalojo violento de la gente equivocada que está en tu corazón. No malgastes tu energía acumulando culpa y odio cuando puedes utilizarla en algo más productivo: tu misión.

**Tienes derecho a cometer errores,
pero no a repetirlos.**

> **Un error encierra una nueva oportunidad.**

"Aprendo de los errores, olvido los detalles y sigo adelante."

Si logras incorporar esta fórmula a tu vida, podrás caminar sin resentimientos ni rencores.

"Aprendo de los errores": prestaste dinero y no te lo devolvieron... *¿Aprendiste la lección?* Si aprendiste, sabes que no te volverá a suceder. Esa lección te costó el dinero que perdiste.

"Olvido los detalles": deja de recordar con minuciosidad el momento, la circunstancia precisa en la que ocurrió. Los detalles te desenfocan.

"Sigo adelante": hacia tus metas, hacia tus sueños, hacia tu propósito.

Anímate a creer y a declarar: *"Aprendo de los errores, olvido los detalles y sigo adelante"*.

Si lo miras con la perspectiva correcta, el fracaso rompe la comodidad, activa energía, obliga a planificar. El error llega para decirnos: *"No vuelvas a intentarlo"*. No escuchar ese mensaje es fracasar. Aceptar el error es el primer paso; corregirlo, el segundo.

> **Perdonar no cambia el pasado, pero sí el futuro.**

4. Sé agradecido

Cualquier momento de nuestra vida que no seamos capaces de recordar con gratitud no ha sido examinado detenidamente por nosotros.

Ser agradecido depende más de la actitud que de las circunstancias. No se trata de ser agradecido **por** los problemas, sino **en medio** de los problemas, y **a pesar** de los problemas. Porque una actitud de fe en un día difícil hará más fácil nuestra salida. El agradecido se concentra en lo que tiene y no en lo que le falta. Por esto, aprende a contar tus bendiciones. *¿Por qué motivos puedes estar agradecido hoy?*

Sé agradecido contigo mismo: piensa en todo lo que lograste. Quien no se siente agradecido por las cosas que tiene, tampoco se sentirá satisfecho con las que le gustaría tener. Piensa en tus relaciones personales: cuando queremos a las personas como son, se convierten en nuestros seres queridos. Como dijo la Madre Teresa: *"Si juzgas a las personas no tienes tiempo de amarlas"*. La gratitud no es devolver una muestra de afecto, sino ser afectuoso. Sorprende a la gente que te ayudó en tu tiempo de crisis. No porque mantengas una deuda emocional con ellos, sino porque tu espíritu es agradecido.

Ten en cuenta que todas las cosas por las que no puedas estar agradecido, se convertirán en una carga. Si

---

El agradecido se concentra en lo que tiene y no en lo que le falta.

por el contrario, agradeces cuando otros te benefician en alguna circunstancia, no solo será valorado por los demás y podrá ser potenciado en próximas oportunidades, sino que también se producirá en ti la conciencia de no tener deudas para con el otro.

La mejor evidencia de la clase de personas que somos es nuestra capacidad de expresar gratitud. No dejes pasar un minuto de tu vida sin agradecer por algo. Es una forma poderosa de cuidar tu tiempo.

5. Cuida tu tiempo

Te comparto una reflexión de origen popular que leí por allí y está repleta de verdad: *"Para conocer el valor de un año, pregúntale a un estudiante que ha suspendido su examen final. Para conocer el valor de un mes, pregúntale a una madre que ha dado a luz a un prematuro. Para conocer el valor de una semana, pregúntale al editor de una revista semanal. Para conocer el valor de una hora, pregúntales a dos personas que se aman y están esperando encontrarse. Para conocer el valor de un minuto, pregúntale a la persona que ha perdido el tren. Para conocer el valor de un segundo, pregúntale a la persona que ha ganado una medalla en los juegos olímpicos"*.

La gratitud no es devolver una muestra de afecto, sino ser afectuoso.

Tu tiempo es valioso. Cada instante que vives es irrepetible e irrecuperable. Como sucede con el dinero, debes saber en qué estás gastando el tiempo. No lo desperdicies en actividades o en personas que no te ayuden a crecer o a progresar.

Permíteme darte algunos consejos prácticos para organizar tu tiempo:

- Escribe las tareas que tienes en tu mente para realizar durante el día. Cuando las visualices, distingue lo importante de lo urgente.
- Clasifica tus tareas y estipula un orden de prioridades; agrúpalas.
- No dejes las tareas más complicadas para el final del día. Date un margen de tiempo para los imprevistos.
- Aprende a delegar. La tarea que has planificado, ¿puede realizarla otra persona? Encárgasela. Pero recuerda: se encomienda la tarea, no la responsabilidad, por lo cual sigues estando comprometido y eres responsable del resultado final. Cuando delegas, quizá sabes que tú podrías realizar esa labor de una manera satisfactoria e incluso excelente, pero si no delegas, pierdes la oportunidad de crecer tú en otras áreas. Debes entender y aceptar que delegar redundará en tu propio beneficio.
- Determina un inicio y una finalización para cada tarea. No decidir la hora en que debes terminar, hace que tu mente se disperse.

Organízate, planea a corto y a largo plazo. ¡Notarás resultados asombrosos!

6. Enfrenta cada día con una actitud positiva

Todos los conocimientos que has adquirido constituyen tu aptitud. Pero para el cumplimiento de tus sueños será tu actitud la clave decisiva.

Como ya mencioné en el capítulo seis, la actitud es una reacción mental y emocional ante circunstancias, personas u objetos. La actitud es como un timón que nos conduce hacia las cosas o nos aleja de ellas; nos puede llevar al éxito o al fracaso; puede marcar la diferencia entre amar la vida u odiarla. Hay muchísimas cosas que no se pueden cambiar: el pasado, el comportamiento de los demás… Sin embargo, lo que sí podemos hacer es cambiar nuestra actitud hacia ellos, porque sobre nuestras actitudes sí tenemos poder.

¿Cómo puedes tener una actitud positiva? Presta atención a este texto que descubrí y te comparto a continuación:

"Observa tus pensamientos, se convierten en palabras. Observa tus palabras, se convierten en acciones. Observa tus acciones, se convierten en hábitos. Observa tus hábitos, se convierten en carácter. Observa tu carácter, se convierte en tu destino".

Los pensamientos, aunque parecen no tener consecuencias, determinan la calidad de nuestra vida. Los

---

La actitud es como un timón que nos conduce hacia las cosas o nos aleja de ellas; nos puede llevar al éxito o al fracaso; puede marcar la diferencia entre amar la vida u odiarla.

pensamientos negativos nos hacen vivir menos y mal. Como el pensamiento es previo a la emoción, ese pensamiento es el que nos hará sentir bien o mal.

¿Qué característica predominante tienen tus pensamientos? ¿Felicidad o infelicidad? ¿Éxito o fracaso? Para mejorar tu vida debes mejorar la calidad de tus pensamientos. Pensar positivamente es saludable: confías más en ti mismo, logras más cosas, estableces buenas relaciones.

Ten presente que la vida continúa. A toda la gente le suceden cosas buenas y cosas malas, y el mundo sigue girando; aunque tal vez ya lo hayas escuchado, el sol vuelve a salir cada mañana. No tiene sentido sufrir y lamentarse en momentos de crisis si podemos lograr que nuestras emociones dependan de nosotros. Elimina los pensamientos que generan ansiedad: *"Debería"*; *"Tendría"*; *"Hubiera sido mejor que..."*. Sustituye los términos absolutos *"Nunca"*, *"Nadie"* y *"Siempre"*, por expresiones como *"A veces"*; *"Ocasionalmente"*; *"De vez en cuando..."*.

Pregúntate:
- *¿Me beneficia pensar como lo estoy haciendo con respecto a esta situación?*
- *¿Qué consecuencias tiene para mí el seguir pensando de esta manera?*
- *Pensando de esta forma, ¿resolveré mi problema?*

**Para mejorar tu vida debes mejorar
la calidad de tus pensamientos.**

Tú serás lo que te propongas. Por lo tanto, desarrolla **hábitos saludables**:

- Cree en ti, confía en que puedes lograrlo.
- Acéptate tal como eres, con tus virtudes y tus defectos.
- Disfruta lo que haces y lo que tienes.
- Admite tus limitaciones y determínate a seguir creciendo.
- Prémiate cuando obtengas un resultado.
- Confía en tus posibilidades, en tu potencial.

¡Inspírate! Todos tenemos días buenos y malos, días de sentir que estamos en la gloria y de sentir que estamos en el peor de los infiernos. Lo que se necesita en ese momento es inspiración. Esta palabra proviene del griego y hace referencia a la acción de inhalar. Cada uno de nosotros puede elegir qué inhalar: fuerzas nuevas, valor, ánimo. Como declara Jean Valjean en *Los Miserables* de Víctor Hugo: *"Morir no es nada. Lo horrible es no haber vivido"*.

Claves para liberar tu poder

- Según las palabras de George Carver: *"Ningún hombre tiene derecho a venir a este mundo y a irse de él sin dejar tras de sí razones claras y legítimas para haber pasado por él"*.
- *"¿Cuál es mi misión en esta tierra?"* es una de las preguntas **más profundas** que podemos hacernos.
- Nuestra misión es **nuestro propósito** o nuestro **sentido de vida.** Nuestra razón de ser, lo que otorga sentido a cada cosa que hacemos. **Una vida sin propósito es como navegar a la deriva.**
- Mientras que la **visión es lo que quieres** (la materialización de tu sueño en la realidad concreta), la **misión es el legado** que quieres dejar al mundo.
- Una **misión personal** es una declaración sobre la clase de persona que quieres ser. Se relaciona con tus valores, con aquello que consideras verdaderamente importante.
- La **misión es como el GPS** que te guiará en tus decisiones más importantes. No es un lugar al que llegar, sino **una dirección** que le das a tu vida. No es un destino, es **un recorrido**. Es más grande que todos los obstáculos que se te presenten en el camino.
- No es algo que elaboras un día y concluye. Encontrar tu propia misión es un proceso que **requiere de paciencia y trabajo**. No se trata de escribir un texto que impresione por la grandilocuencia de sus palabras, sino de dejar hablar a tu corazón.

Pregúntate:

¿Estoy haciendo lo que más amo, lo que más me apasiona?

¿Siento que hay algo en mi interior que clama, que me resuena?

¿Qué es lo que haría aunque no me pagaran por ello?

¿A qué dedicaría mi vida si el tiempo ni el dinero fuesen una dificultad para mí?

¿Vivo la vida que quiero vivir?

- Si tus respuestas no te satisfacen, hoy y ahora mismo, es un buen momento para hacer los cambios necesarios, tomar las decisiones que consideres trascendentes y comprometerte.
- Por esto **nuestra misión es un compromiso**. Un compromiso con nosotros mismos. Un compromiso con el mundo que nos rodea.
- Como cada persona posee sus creencias y valores, cada persona tiene un propósito distinto en su vida. **Tu misión es tuya. Es única y personal.**
- Tu misión es **tu gota de agua**. Ninguna otra expresión tan cierta como la siguiente de la Madre Teresa de Calcuta: *"A veces sentimos que lo que hacemos es tan sólo una gota en el mar; pero el mar sería menos si le faltara una gota"*.
- **Decide ahora mismo que al mar de la vida no le falte tu gota de agua.**

Capítulo 9

Llaves que te abrirán puertas

*"Cuida de no estar ante la puerta correcta,
con la llave equivocada."*

Anónimo

Todos sabemos que una llave es una herramienta que nos permite activar el mecanismo de una cerradura para abrir y cerrar, entre otras cosas, las puertas. De la misma manera, a fin de abrir las puertas de nuestras posibilidades hacia la concreción de nuestras metas y de nuestros sueños, necesitamos hacer uso de ciertos mecanismos o herramientas que nos permitirán salir del lugar en el que estamos y llegar a ese lugar al que queremos ir. Enumero a continuación cuatro llaves importantes:

1. La llave de las ideas de oro

Muchas veces nos esforzamos por avanzar, por lograr nuevas metas. Sin embargo, pasa el tiempo y nos encontramos con la energía agotada y sin fuerzas. Sucede que las cosas no surgen por la fuerza, sino por las ideas. Hay personas que reciben mejores ingresos que los nuestros, no porque sean mejores, sino porque tienen más y mejores ideas. Lo que necesitamos para seguir progresando son ideas. Ten en cuenta que una idea puede resolver tus problemas; una idea puede cambiar tu vida. A ese tipo de ideas las llamo **ideas de oro** y surgen en cualquier momento.

¿Algunos ejemplos famosos?

- Gutenberg asoció la prensa de vino con una máquina. Así descubrió **la imprenta**.
- Salvador Dalí unió los sueños y el arte. Creó el **surrealismo**.
- Newton pensó en los movimientos y en la caída de una manzana. Descubrió la **ley de la gravedad**.
- Cuando Disney filmó *Blancanieves* le dijeron que sería un fracaso, porque nunca un niño podría estar treinta minutos seguidos frente a la pantalla mirando dibujitos.

Es necesario que te animes a tener ideas que quizás al comienzo te perturben. Déjame explicarte esto: dentro de nuestra estructura lógica de pensamiento, tenemos una concepción acerca de cómo son las cosas, una explicación

> **Sucede que las cosas no surgen por la fuerza, sino por las ideas.**

> **Una idea puede resolver tus problemas;**
> **una idea puede cambiar tu vida.**

sobre cómo debemos actuar. Y esto termina transformándose en un límite. El investigador Abraham Maslow afirmó: *"Si la única herramienta que tienes es un martillo, verás cada problema como un clavo"*. Cuanto más variadas sean las herramientas que guardes en tu mente, contarás con formas más innovadoras para solucionar tus problemas.

La solución de muchos problemas puede estar en un lugar distinto del que tradicionalmente buscaríamos. Por eso, debemos buscar formas diferentes y originales para solucionar un problema. Te comparto una pintoresca historia popular que ilustra claramente lo que deseo transmitirte:

"Dos condenados a muerte por un sultán estaban alojados en la misma celda. Uno de ellos, conocedor del cariño que el sultán tenía por su caballo favorito, se ofreció a enseñarle a volar en un año, a cambio de su vida. El sultán, seducido por la idea de cabalgar sobre el único corcel volador del mundo, aceptó el trato. El otro prisionero no ocultó su incredulidad: 'Tú sabes que los caballos no vuelan –dijo–; sólo estás demorando lo inevitable'. Su compañero

> **Cuanto más variadas sean las herramientas que guardes en tu mente, contarás con formas más innovadoras para solucionar tus problemas.**

de celda respondió: 'Nada de eso; lo cierto es que ahora tengo cuatro posibilidades de libertad: primera, el sultán puede morirse antes del año; segunda, puedo morir yo; tercera, puede morir el caballo, y cuarta, quizá pueda realmente enseñarle a volar'".

Quiebra los paradigmas. Recuerda que Walt Disney logró que los animales hablaran.

Concéntrate en tus metas. Enfócate en lo que quieres lograr. Mientras más trates de mejorar y de alcanzar lo que sueñas, tu mente desarrollará más y mejores posibilidades creativas. El ingenio, la creatividad y la imaginación comenzarán a activarse en tu interior. Verás cosas que siempre estuvieron a tu alrededor pero a las que tú no les prestabas atención.

No des como válida y suficiente la primera respuesta que la mente te indique. Ante un problema, desata una tormenta de ideas: escribe por lo menos doce soluciones, por más ridículas que te parezcan, y no descartes ninguna de ellas. Comprobarás que no debes esforzarte para ser creativo. ¡Sólo necesitas liberar lo que hay dentro de ti! Anímate y desecha las **frases asesinas** de las ideas de oro:

"Nunca lo hicimos así".
"No va a funcionar".
"Cuidado".
"Es muy difícil".

¿Quieres saber cómo activar este potencial en ti? Los que siguen son los **cinco principios** que te impulsarán hacia las ideas de oro:

- **Ríete más**

Reírse y divertirse activa las ideas de oro. Desarrolla tu buen humor. Permítete tiempos de diversión y de espontaneidad.

Una mujer se le acercó a un escritor y le dijo: *"Si yo estuviera casada con usted, le pondría veneno en el café"*. La respuesta de cualquier persona en esa situación hubiese sido: *"Yo no me casaría con usted"*. Sin embargo, el escritor le respondió: *"Si yo estuviera casado con usted, seguramente bebería ese café"*. Observa cómo se puede llegar a la misma respuesta, pero de manera creativa.

- **Escapa de lo conocido**

Lucha contra tu percepción, que te obliga a mantenerte en lo conocido.

Un hombre viajaba en el tren y se sentó al lado de una persona a quien le faltaba un zapato; extrañado, le preguntó: *"Disculpe, ¿se le ha perdido un zapato?"*. *"No –respondió la persona–, he encontrado uno"*.

- **Utiliza imágenes**

Debemos aprender a pensar en imágenes. Toma una fotografía de tu futuro. La imaginación es una máquina dentro de tu cerebro; es tu foco. Tu mente recuerda el pasado o piensa. Tu imaginación crea imágenes, ella mira hacia tu futuro.

Reírse y divertirse activa las ideas de oro. Desarrolla tu buen humor. Permítete tiempos de diversión y de espontaneidad.

- **Date permiso para ser alocado**

No pongas límites a tu mente. *"¿Qué pasaría si hiciera esto...?"*. No tengas ideas previas, suposiciones, preconceptos, prejuicios. Cuando Sony desarrolló el walkman, dijeron: *"¿Quién querrá ponerse música en los oídos?"*. No te dejes llevar por los comentarios ajenos.

- **Haz algo nuevo cada día**

Si siempre transitas por el mismo camino, nunca llegarás a destinos nuevos. Cambia tu recorrido habitual para ir al trabajo. Sorprende a tus amigos con un llamado. Revisa lo que estás haciendo diariamente y no permitas que todas tus acciones sean previsibles. Decía Albert Einstein: *"No tengo un don especial; sólo soy apasionadamente curioso"*. Desarrollar la creatividad es más importante que ser persistente. Uno puede persistir por mucho tiempo en algo que no funciona.

2. La llave de la fuerza interna

La frustración es una piedra en el camino. Queremos lograr algo y, en el camino que transitamos para alcanzarlo, aparece un obstáculo. Todos hemos tenido y tendremos frustraciones: de repente nos enfermamos y no podemos ir a ese evento al que queríamos asistir; no contamos con el dinero suficiente para esa compra... Cuando la frustración

---

No te dejes llevar por los comentarios ajenos.

> **Si siempre transitas por el mismo camino,
> nunca llegarás a destinos nuevos.**

aparece en el camino, podemos patear la piedra, renegar contra nosotros mismos o contra el otro, sentir una gran amargura, llorar... o también podemos caminar sobre las piedras hasta llegar a nuestro destino.

Sucede que todos tenemos un nivel de tolerancia a la frustración. Existen personas que tienen un pequeño problema y ya quieren renunciar a todo; hay otras que tienen muchísimos problemas pero no bajan los brazos: eso se llama tolerancia a la frustración. Mucha gente tiene tolerancia cero: basta con cruzar la mirada con alguien en la calle para que reaccione de mala manera. Cuanto más baja es la fortaleza interna, menor es la tolerancia. Y lo determinante no es el tamaño de la piedra, sino la tolerancia, la fuerza interna que nos permite atravesarla y superarla. Te comparto esta historia de origen popular que nos invita a reflexionar sobre este tema:

"Hace mucho tiempo, un rey colocó una gran roca en un camino para obstaculizarlo. Luego se escondió para ver si alguien quitaba de allí la pesada roca. Algunos de los

> **Desarrollar la creatividad es más importante
> que ser persistente. Uno puede persistir por
> mucho tiempo en algo que no funciona.**

comerciantes más adinerados del reino y otros varios corte-sanos pasaron por el camino y simplemente le dieron una vuelta; muchos culparon al rey ruidosamente por no mantener los caminos despejados, pero ninguno hizo algo para sacar la piedra grande de allí. Entonces llegó un campesino que llevaba una carga de verduras. Al aproximarse a la roca, puso su carga en el piso y trató de moverla a un lado del camino. Después de empujar y fatigarse mucho, pudo lograrlo. Mientras recogía su carga de vegetales, notó una pequeña bolsa en el piso, justo debajo de donde había estado la roca. La bolsita contenía muchas monedas de oro y una nota firmada por el mismo rey indicando que el oro era para la persona que removiera la piedra del camino. Fue así que el campesino supo algo que los otros nunca entendieron: 'Cada obstáculo es también una oportunidad para mejorar tu situación'."

¡Estar fortalecido es una llave que te abrirá puertas! Podrás animarte a emprender negocios que los demás hoy no se atreven. *¿Cómo?* Tienes que hacer aquello que no te animaste a llevar a cabo hasta ahora. Debes pararte delante de tu imposible. No aceptes tus excusas internas. Cuando uno comienza a visualizar sus metas, la mente inmediatamente nos fija limitaciones, fruto de las experiencias anteriores propias o ajenas.

Toma impulso con estos consejos:

Habla bien
Se trata de hablar bien de nosotros a nosotros mismos. Habla bien de tus sueños. Habla bien de tus metas.

Enfócate en lo positivo que tienes y has logrado. Las palabras de afirmación fortalecen nuestro espíritu, y a un espíritu fortalecido no hay nada que lo pueda detener o vencer.

No hables **dificultad**; habla **capacidad**.

No hables **problema**; habla **solución**.

No hables **derrota**; habla **victoria**.

Sostén las cosas buenas que tienes

Entrénate en tener y sostener. ¿Aumentaron tus amistades? Sostenlas; haz ese llamado para decirles cuánto las aprecias. ¿Aumentaron tus ingresos? Sostenlos; no gastes más de lo necesario. No te debe importar que tengas errores y aciertos, aciertos y errores; en el ámbito deportivo, eso se llama entrenamiento. Prepárate para sostener todo lo bueno que tienes y que lograrás.

Recuerda tu mejor récord

Piensa y considera qué fue aquello que hiciste y pensabas que no podrías lograr. Porque si recuerdas tu mejor triunfo, garantiza que si lo hiciste una vez, podrás lograrlo una vez más. No te enfoques obsesivamente en los triunfos de los demás. Supera tus propios límites. Este año desafíate a ser mejor que el año anterior.

> **Habla bien de tus sueños. Habla bien de tus metas. Enfócate en lo positivo que tienes y has logrado.**

3. La llave de las oportunidades de oro

En el idioma griego, existen dos voces para designar la palabra tiempo: *kronos* y *kairos*.

Kronos hace referencia al tiempo cronológico; indica cantidad. *Kairos* hace referencia al tiempo de la oportunidad; indica calidad; es un tiempo especial, un período de oportunidad. Entender esta diferencia resulta clave para avanzar: tú puedes vivir cien años pero vivir mal, sin *kairos*, sin haber capturado las oportunidades. Los *tiempos kairos* son momentos donde las llaves que necesitamos están a nuestra disposición.

¿Por qué no capturamos esas oportunidades? Aquí tienes algunas razones:

Por inseguridad
Nos sentimos incapaces de lograr lo que nos proponemos, por eso no lo intentamos. Recordamos experiencias similares.

Por obsesión y duda
Analizamos y analizamos, somos perfeccionistas y, como tememos equivocarnos, no avanzamos. Vivimos con miedo al fracaso.

Por no querer progresar
Buscamos siempre el consejo de otro; no queremos hacernos cargo porque esto implica responsabilidad.

Por miedo a equivocarse
Tenemos pánico al error, temor de lo que otros puedan decir.

Recuerda que *kairos* es el *tiempo de la oportunidad*. Son los momentos especiales que nos llegan a todos y requieren de toda nuestra atención para capturarlos. La oportunidad de oro siempre llega escondida en desafíos. Por lo cual, no temas a las dificultades ni a las metas que puedan parecerte elevadas. No te caerá desde el cielo; vendrá como una oportunidad, como un desafío. El desafío te despierta miedo, y te preguntas si lo haces o no; pero si te animas, descubres que detrás de ese desafío, se encuentra lo que estás buscando.

No pidas menos problemas, pide más capacidad. **No pidas menos retos, pide más sabiduría**.

Si algo no te agrada, cámbialo; y si no está en tus manos hacerlo, cambia tu forma de verlo. Aprovechar las oportunidades exige de nosotros desarrollar carácter, compromiso y disciplina.

Carácter es lo que *tú eres*.

Compromiso es lo que *tú te propones*.

Disciplina es lo que *tú haces*.

CARÁCTER + COMPROMISO + DISCIPLINA = ÉXITO

Por eso, decídete a cambiar problemas por oportunidades. Si cambias tu percepción, cambiarás tu acción. Tú puedes convertir cada dificultad en un drama o en una

---

La oportunidad de oro siempre llega escondida en desafíos. Por lo cual, no temas a las dificultades ni a las metas que puedan parecerte elevadas.

> **Aprovechar las oportunidades exige de nosotros desarrollar carácter, compromiso y disciplina.**

oportunidad. Todas las personas debemos decidir esto. Winston Churchill reconoció: *"Si me hubieran dado una moneda por cada vez que perdí una hora de mi vida preocupado por algo que luego no pasó, hoy sería millonario"*. *"Los problemas reales son buenos; los imaginarios son fatales"*, confesaba Amado Nervo.

4. La llave de las conexiones de oro

Para alcanzar nuestras metas en la vida no basta con nuestra inteligencia o nuestros talentos. Ambos son importantes pero insuficientes, porque no podemos triunfar solos. Una conexión de oro es una persona que tiene las llaves para abrirte puertas que tú no puedes abrir. Por lo general, resulta ser un desconocido. Por eso, tienes que aprender a tratar bien a la gente, ya que quien hoy está al lado tuyo, mañana puede ser una conexión de oro. Porque esa persona conoce a una persona, que conoce a otra persona, que es quien te ayudará a abrir puertas.

Los líderes entienden el poder de las relaciones, por eso desarrollan nuevos vínculos de forma permanente.

> **Si cambias tu percepción, cambiarás tu acción.**

> **Una conexión de oro es una persona
> que tiene las llaves para abrirte
> puertas que tú no puedes abrir.**

Cuanta más gente conoces, más posibilidades tienes de relacionarte y, por lo tanto, más posibilidades de tener éxito. Considera estos consejos:

Sé amable con todos

Sonríe, sé educado. A la gente le gusta relacionarse con quienes parecen exitosos.

Sé considerado

Interiorízate acerca de la vida de los demás, no hables tanto de ti.

Sal de tu timidez

Procura relacionarte con gente nueva. Relaciónate con toda la gente que puedas, pero no le regales tu tiempo a cualquiera.

Debes desarrollar la habilidad de relacionarte con la gente. Muchas veces pasamos más tiempo discutiendo y compitiendo, que dirigiendo nuestras energías hacia la

> **Relaciónate con toda la gente que puedas,
> pero no le regales tu tiempo a cualquiera.**

construcción de vínculos sanos. Crear una buena relación interpersonal implica revisar nuestros pensamientos y evitar el autoboicot que frecuentemente nos daña y destruye. Para ello, necesitamos una mentalidad optimista y satisfacción con lo que somos y hacemos, porque primero debemos entender qué sucede dentro de nosotros.

Una conexión de oro es aquella que favorece el logro de nuestros objetivos y nos permite evolucionar.

¡Anímate! Tienes en tus manos **ideas**, **fuerza interna**, **oportunidades** y **conexiones**: **cuatro llaves** que puedes utilizar a partir de hoy y ahora. Aquellas puertas que parecían imposibles de abrir te están esperando para que ingreses a la etapa deseada.

Una conexión de oro es aquella que favorece el logro de nuestros objetivos y nos permite evolucionar.

Claves para liberar tu poder

- En este capítulo utilicé la metáfora de la llave. Alude, entre otras cosas, al poder de abrir o cerrar algo, conocido o desconocido. Recordé aquella anécdota de la persona que perdió las llaves dentro de la casa, pero que salió a buscarlas a la calle porque afuera había más luz

- La metáfora es una manera de usar el lenguaje para comunicar algo de manera indirecta. Se puede utilizar un relato metafórico, o una palabra. Como las metáforas son imágenes, podríamos decir que nuestra comunicación muchas veces es metafórica.

- La metáfora no impone un sentido, lo sugiere. Su significado es decodificado por quien la escucha o la lee.

- La metáfora logra eludir el plano consciente de quien escucha y puede dirigirse al plano inconsciente, rastreando y activando opciones que parecían inexistentes. Se convierte así en un poderoso recurso para que surjan soluciones nuevas y creativas.

- Cada metáfora que elegimos nos hace funcionar en relación con esa elección. Vivimos en nuestra propia metáfora. Aunque la metáfora es un recurso simbólico, se hacer literal ya que actuamos sobre ella.

¿Qué metáfora estás eligiendo en este momento de tu vida?

¿Eres un león fuerte o liebre asustadiza? ¿Dulce miel o jarabe amargo? Si te sientes así, así te desenvolverás: como león, como liebre asustadiza, como miel o como jarabe.

- Si en algún área de tu vida no tienes los resultados que deseas ¿cuál es la metáfora que elijes para describir la situación? *"Estoy empantanado"*, *"me siento perdido en este laberinto"*, *"qué día negro"*. Entonces es necesario cambiar la metáfora.
- Las metáforas no son ni buenas ni malas. Nos resultan útiles por un tiempo. Cuando no tenemos los resultados que queremos, podemos revisar nuestra metáfora, y cambiarla por la que se adecúe a esa situación.
- Cambiar la metáfora hará que cambies la manera de sentirte, de verte y en consecuencia de actuar.

Abre ahora mismo el cofre de tus metáforas, elije la que estés necesitando y reemplázala por la que ya no te sirve.

No busques respuesta en el exterior, la solución está en tu interior porque recuerda que ¡tú eres la llave!

Capítulo 10

Experto en solucionar problemas

¿Cuántas veces hemos querido lograr algo e inesperadamente se nos ha presentado un obstáculo? El crédito que no nos otorgan, la llamada que esperamos y que no llega, etc. **Un obstáculo es un impedimento, algo que nos estorba, una dificultad**. Comúnmente lo llamamos **problema**.

La palabra problema tiene para nosotros una connotación negativa. Pero un problema es una interpretación, una opinión de lo que nos ocurrió o está ocurriendo. Frente a cada problema hay un elemento objetivo (*hecho*) y un elemento subjetivo (*interpretación*). Por ejemplo: el hecho es que el termómetro indica 19 grados; la Interpretación es *"hace frío"*, *"está templado"*, *"hace calor"*.

Pero un problema es una interpretación, una opinión de lo que nos ocurrió o está ocurriendo.

¿Dónde se aloja el conflicto? En nuestra mente, es decir, en la interpretación, no en los hechos.

Por lo tanto, los problemas no están afuera de nosotros, están en nuestra mente; no vienen a saludarnos ni a presentarse *"Hola, ¿qué tal? ¡Soy un problema!"*. Cada uno de nosotros dirá que lo que le sucedió o está sucediendo es un problema de acuerdo a sus modelos mentales, sus creencias, sus paradigmas, su historia y sus objetivos.

Cuando un problema se plantea, se despiertan con él una variedad de emociones: miedo, inseguridad, enojo, tristeza, ansiedad. Esto es tan natural como normal. No busquemos cambiar nuestros sentimientos; lo que sí tenemos que cambiar son nuestros pensamientos. Porque lo importante no es lo que sentimos respecto de lo que nos pasa, sino lo que pensamos respecto de ello. Es ese pensamiento el que nos provoca sentir lo que sentimos. Si no vemos la salida se debe a que estamos atrapados en nuestras emociones. Cuanto menos te preocupes y más te ocupes, más posibilidades de solución tendrás.

Acabamos de afirmar que un problema es una interpretación, una opinión acerca de lo que nos sucedió o está sucediendo. Entonces, cuando enfrentamos un problema, no nos enfrentamos al problema en sí, sino a la

---

Cada uno de nosotros dirá que lo que le sucedió o está sucediendo es un problema de acuerdo a sus modelos mentales, sus creencias, sus paradigmas, su historia y sus objetivos.

interpretación que hacemos del mismo. **Este es el verdadero problema: la forma en que lo vemos.** Lo que para mí es un problema, para otro no lo es. Porque cada uno es un observador diferente de la realidad.

Por lo tanto, como el problema es la interpretación, comienza por seleccionar con precisión las palabras que utilizarás para describirlo. Recuerda: **nuestras palabras crean realidades**.

¿Qué separa a las personas que avanzan de las que se estancan? ¿A las que viven plenamente de las que simplemente sobreviven? Sin duda, entre otras cosas, el modo en que deciden afrontar sus problemas. Ninguno de nosotros va por la vida buscando problemas, pero los problemas nos encuentran en alguna parte del camino. Por eso es importante saber que la vida no es justa ni injusta, simplemente la vida es. Lo que hagamos con lo que nos ocurre en ella es lo que marcará la diferencia. Resulta evidente que a ninguno de nosotros nos agradan los problemas, pero es imprescindible saber que gran parte de nuestros logros internos fueron posibles gracias a los problemas que pudimos superar.

No hay inconvenientes en tener problemas, todos los tememos. Pero no es lo mismo tener problemas que ser problemático. Hay personas que se convierten en expertas en crear problemas donde no los hay. Parecería ser que su lema fuera

---

Lo importante no es lo que sentimos respecto de lo que nos pasa, sino lo que pensamos respecto de ello.

"Pienso, luego estorbo". Aléjate de ellas. Cuando alguien te diga *"Tengo una mala noticia"*, responde: *"Dame la noticia y yo decidiré si es buena o mala"*. Concentrarse en lo negativo solo da por resultado preocupación, y estar preocupados por los problemas es una de las maneras de mantenerlos vivos. Por cierto, este es el nombre de los problemas cuando ocupan nuestra mente: **preocupación**, es decir, algo que nos provoca intranquilidad, inquietud o temor.

Recuerda y repítelo: estar preocupado por tus problemas es una de las maneras de mantenerlos vivos. La preocupación es un ladrón que nos roba el presente. Si bien no es una enfermedad, puede causar enfermedades. Reflexiona: *¿qué asuntos te preocupan?*

¿Cuántas veces hemos preparado nuestra valija para un viaje y al volver nos dimos cuenta de que llevamos más ropa de la necesaria? *"Así como fue, volvió"*. Las líneas aéreas comenzaron a cobrar por el peso adicional, porque la gente se va de viaje por una semana, con equipaje como para un mes. No prohíben viajar con exceso de peso, pero nos lo cobran. Análogamente en la vida, también vamos a pagar por todo el peso innecesario que llevemos: las relaciones equivocadas, deudas monetarias o emocionales, enfermedades, tristezas. El cuerpo nos lo recordará dando señales de malestar, la mente nos lo recordará con ideas, las emociones

> **Concentrarse en lo negativo solo da por resultado preocupación, y estar preocupados por los problemas es una de las maneras de mantenerlos vivos.**

> **La preocupación es un ladrón**
> **que nos roba el presente.**

nos lo recordarán por estar cargando peso innecesario. Por lo tanto, la clave es viajar liviano por la vida.

"Bueno, pero es poco", *"Es poco lo que debo"*, *"Es poca mi tristeza"*... En las charlas que doy habitualmente, hago subir a un espectador y pregunto a los asistentes: *"¿Creen que esta persona puede levantar y sostener esta silla?"*. Como es de esperar, los presentes dicen que sí, por lo cual el voluntario la levanta y la sostiene. Entonces le pido que la mantenga en su mano mientras continúo con mi charla. Mientras tanto, observamos que la persona comienza lentamente a molestarse: la silla le pesa, la mano le tiembla, hasta que finalmente cede y la devuelve al piso. ¿Qué sucedió? ¿No era que podía sostenerla, si solo se trata de una silla liviana? La cuestión no es cuánto pesa la silla, sino cuánto tiempo somos capaces de sostenerla. Pregúntate: *¿desde cuándo estás sosteniendo el mismo problema, y hablas de él, una y otra vez?*

Cuando reconoces que tienes los recursos para salir del problema y seguir adelante, dejas de llorar por las oportunidades perdidas, por los viajes que no hiciste, por las decisiones equivocadas. No tienes tiempo para la nostalgia. Recuerda que el pasado solo tiene el poder que le damos.

> **La clave es viajar liviano por la vida.**

Por esto, actúa con todo el poder de tu presente. No hables de tu ayer. Si conduces tu vida mirando por el espejo retrovisor, puedes chocar.

¿Qué tenemos que saber de los problemas?

No estamos exentos de ellos
A veces miramos a los demás y creemos que no tienen problemas: *"Con la familia que tiene no sé de qué se queja"*, *"Con el dinero que tiene…"*, *"Con la salud…"*.
Nos mueven y nos incomodan
Son como arena caliente debajo de nuestros pies. La pregunta para formularse es: *¿nos mueven hacia adelante o nos mueven hacia atrás?*
Cambian nuestras prioridades
Resulta que aquello que creíamos que era una prioridad en nuestra vida, no lo es, y que aquello que estaba en la mitad de mis intereses, debería estar bien arriba.
Rompen nuestros paradigmas
Nuestro mapa mental cambia; lo que pensábamos sobre el tema ya no nos sirve.
Tienen fecha de vencimiento
El momento más oscuro de la noche ocurre cuando comienza a amanecer. Por esto la búsqueda debe orientarse a durar más que mi problema poniendo mi atención y mi intención.

¿Qué tenemos que definir de nuestros problemas?

En principio, todas dependen de nosotros.
Mi postura frente a ellos: ¿víctima o protagonista?

Su nombre: ¿trampolín para nuevas posiciones o sepultureros?

Su permanencia: ¿vienen de visita o se quedan a vivir?

Su saldo final: ¿harán de mí una mejor persona o me empeorarán?

La clave es saber que contamos con recursos internos.

Nos avisan en la empresa que habrá una serie de despidos. Algunos de mis compañeros me dicen que no pudieron dormir, otros que están con taquicardia. A unos los veo cabizbajos, a otros irritables… A cada cual la noticia lo afecta de distinta forma.

Los síntomas que manifestamos en situaciones similares a la narrada son parte de nuestro **mecanismo ancestral de lucha-huida**. Se transforman en un problema cuando nos incapacitan, cuando de alguna manera, en lugar de tener síntomas, son los síntomas los que nos tienen a nosotros. Si no vemos la salida, seguramente estamos atrapados en nuestras emociones.

Cuando consideramos que los recursos que tenemos para enfrentar la situación son escasos o insuficientes, nos paralizamos. Pero si consideramos que contamos con los recursos, la preocupación transitará por los carriles normales y será el impulso que nos llevará a resolver aquello que nos sucede.

Activar los recursos internos juega un papel central en la resolución de nuestros problemas. Los nombramos **recursos internos** porque tal vez puedas disponer de muchos recursos externos, pero los más poderosos son los intangibles, los invisibles. Los recursos externos pueden

> **Activar los recursos internos juega un papel
> central en la resolución de nuestros problemas.**

perderse, gastarse, arruinarse, tener fecha de vencimiento. En cambio, los recursos internos se fortalecen, se vigorizan, se vivifican y, de esta forma, nos fortalecen, nos vigorizan y nos vivifican.

Se trata de los recursos internos, no de los externos. Habitan en tu interior, no se encuentran por fuera de ti. Tu tarea es descubrirlos, liberarlos y desarrollarlos. Cuando los liberas, los desarrollas; y cuando los desarrollas, los liberas.

Escribe tu lista con las cualidades y capacidades que crees que posees. Seguridad, confianza, salud, fe, libertad, claridad, imaginación, humor, intuición, creatividad, valentía, decisión, humildad, aprendizaje, alegría, paz, empatía, compromiso, bondad, espontaneidad, sinceridad. No te dejes impresionar por tus problemas. En su lugar, impresiónate por tus recursos.

No niegues lo que te pasa. El hecho de creer que *"no pasa nada"* no quiere decir que *"no pasa nada"*. No huyas del problema. Se dará cuenta que lo haces y te correrá hasta alcanzarte. No subestimes lo que te pasa ni tampoco lo sobreestimes. Muchos problemas se empeoran porque no les damos su justa medida. Practica un optimismo inteligente. No te subestimes. Eres más fuerte de lo que crees. Eres más grande que lo que te sucede.

Recuerdo haber leído que *"Los problemas son como incendios y cada persona tiene en sus manos dos baldes,*

> **Practica un optimismo inteligente. No te subestimes. Eres más fuerte de lo que crees. Eres más grande que lo que te sucede.**

uno de agua y otro de nafta. Depende de cuál use el resultado que tendrá".

Vuelve a definir el problema: *¿cuál es exactamente? ¿Qué es lo que verdaderamente está pasando?*

Ahora defínelo por segunda vez: *¿y si en lugar de un problema se trata de una oportunidad disfrazada?*

Compártelo con los tuyos: además de ser justo con ellos haciéndoles saber lo que te sucede, puede ser que la solución llegue gracias a la ayuda de alguien cercano a ti.

Extrae tu aprendizaje: no se trata de no cometer errores, sino de no repetirlos. Por lo general los repetimos cuando no obtenemos alguna enseñanza de ellos. Afrontar problemas muchas veces es inevitable, pero aprender de ellos es opcional. ¿Te equivocaste? ¿Y? Aprende a reírte de tus errores. La forma en que vemos nuestras equivocaciones impacta sobre cada área de nuestra vida. *"Hay muchas formas probables de ser un ganador, pero una sola segura de ser un perdedor, y ésta es equivocarse y no ver más allá de la equivocación".*

Da un paso hacia delante. Comienza hoy con pequeñas acciones. Recuerda que un viaje de 15 000 km comienza con

> **Afrontar problemas muchas veces es inevitable, pero aprender de ellos es opcional.**

un solo paso. Solo se trata de empezar. Da un paso adelante y luego otro, y luego otro. Aunque sean pasos de bebé.

Hay gente que vive siempre a punto de empezar y finalmente nunca lo hace: *"Luz, cámara... lo voy a pensar... Luz, cámara... no estoy seguro..."*. La peor decisión es la indecisión. No es necesario hacer todo en un día, pero es necesario empezar un día.

Aplica esta **regla de oro**: todo lo que siembre será lo que coseche. Ayuda a alguien que también esté atravesando problemas. Dar y recibir son dos caras de la misma moneda. Ayúdalos a tener éxito y tendrás éxito.

Cuando te reconozcas como **un experto en resolver problemas**, dejarás de llorar por las oportunidades perdidas, por los viajes que no hiciste, por las decisiones equivocadas. Insisto, no tienes tiempo para la nostalgia. Los nostálgicos tienen más pasado que futuro. Y el pasado tiene el poder que nosotros le concedemos. Actúa con todo el poder que tienes en ti, hoy.

Hagas lo que hagas, pase lo que pase, conserva tu calma, tu perspectiva correcta, tu sentido del humor. La vida no es una emergencia. No te la tomes tan en serio.

Pregúntate: *¿qué problemas estás solucionando en la actualidad?* El tipo de problema que estés solucionando determinará tu siguiente nivel.

La peor decisión es la indecisión. No es necesario hacer todo en un día, pero es necesario empezar un día.

Si observamos a nuestro alrededor, nos daremos cuenta de que la inmensa mayoría de las cosas que vemos responden a un problema. La silla, la mesa, el teléfono, el auto. Cuando a alguna de ellas le ocurre algo que le impide cumplir con su propósito, la llevamos a alguien calificado, que tiene conocimiento y autoridad para arreglarla, para que solucione el problema.

Considérate un experto en solucionar problemas. Cuentas con todos los recursos internos para lograrlo.

Lo que no hagas por ti, nadie lo hará en tu lugar. Cuando dejes de buscar que te salven, te salvarás. Cuando dejes de buscar que te den, comenzarás a producir. Cuando te sientas un experto en resolver problemas, dejará de importarte la aprobación o desaprobación de los demás, dado que sabrás que estás más allá de esto. Tampoco te afectará la crítica, el desagradecimiento o la traición, porque tú sabes quién eres y hacia dónde te diriges.

Eres parte de la solución.
Eres un experto en resolver problemas.

Claves para liberar tu poder

- **Quiebre** es *"una interrupción en el fluir transparente de la vida"* (Rafael Echeverría).
- **Soluciones** son las posibilidades para reestablecer la transparencia perdida.
- **Hechos** son descripciones de la realidad, observaciones de algo. Afirmaciones. Describimos algo que ya existe. En este caso, la palabra sigue al mundo. Por ejemplo: *"Daniel vive en San Juan"*, pero Daniel ya vivía en San Juan antes de que yo lo diga.
- Los hechos pueden ser verdaderos o falsos. Continuando con el ejemplo de arriba, es verdadero que Daniel vive en San Juan y es falso que Daniel no vive en San Juan.
- Nuestras afirmaciones serán creíbles para los demás en la medida que seamos creíbles para ellos.
- **Juicios** son interpretaciones de la realidad, opiniones. No describimos sino que hablamos de la manera en que vemos algo. En este caso, la palabra se antepone al mundo. Por ejemplo, *"Daniel es simpático"*.
- Los juicios pueden ser válidos o inválidos, fundados o infundados.
- Son *válidos* cuando le damos credibilidad y/o autoridad a la persona que nos los dijo o cuando nuestra interpretación es similar a la de la persona que emitió el juicio.
- Son *inválidos* cuando no le damos credibilidad a la persona que nos los dijo.

- Son *fundados* cuando el juicio se basa en hechos.
- Son *infundados* cuando el juicio no cuenta con hechos sobre los cuales fundamentarse.
- Si no diferenciamos claramente *hechos* de *juicios*, tenderemos a pensar que nuestras opiniones son hechos universales.
- Los juicios:

Provienen del Pasado.

Se emiten en el Presente.

Abren o cierran posibilidades en el Futuro.

- Por lo tanto, el quiebre (comúnmente llamado **problema**) es entonces un juicio de lo que sucedió. Llamarlo **quiebre** nos permite, entre otras posibilidades, hacernos cargo.

Capítulo 11

Motivación en tiempos de crisis

"El mundo está en crisis, y yo estoy en el mundo."

Anónimo

Nada es estable en el mundo actual: han caído los bancos más poderosos, han quebrado las empresas más rentables. Miremos en una u otra dirección, observamos situaciones críticas: crisis en la educación, crisis en las familias, crisis en la justicia. Todos conocemos personas que, tras haber perdido sus empleos, han experimentado la inestabilidad de su economía. Lo cierto es que cada uno de nosotros no está exento tampoco de atravesar alguna pérdida, y este pensamiento nos produce temor. Los cambios provocan miedo. No importa dónde estemos, quiénes seamos y a qué nos dediquemos, las crisis son inevitables y nos afectan a todos, en mayor o en menor medida. En algún momento estaremos afectados o enfrentaremos una crisis, por lo que es muy importante estar preparado y protegido.

Con el transcurso de los años, he descubierto que la protección más grande que se puede tener es esperar la crisis. No me refiero a una espera pasiva y resignada, sino a la importancia de estar preparado. A muchas personas la crisis las encuentra sin preparación alguna y, por lo tanto, sin la actitud correcta.

Observa estas **cuatro facetas de la palabra crisis**. Seguramente te ayudarán a tomar decisiones importantes.

• Crisis como "Muerte"

Hay gente que, al atravesar una crisis, entra en una profunda depresión o en un intenso nivel de estrés. Se enferman. Comprometen a su familia. Se desmoronan, se derrumban.

Sin embargo, también existen personas a quienes uno observa que les ha sucedido de todo y, aun así, se mantienen enteros. *"¡Qué fuerte eres!"*, les decimos con admiración. Pero esta fortaleza —que la psicología llama **resiliencia**–, esta capacidad de resistir y seguir adelante, no es patrimonio de unos pocos privilegiados. Porque no es un rasgo de la personalidad; es el resultado de pensamientos, de conductas y de actitudes que todos podemos aprender.

Es importante que entiendas este principio: la crisis no viene a destruir, salvo que tú lo permitas.

• Crisis como "Cambio"

La crisis es un suceso que prepara para el cambio. El cambio será el resultado de la crisis. Este será positivo o negativo, no tanto por la crisis en sí misma, sino por tu actitud frente a ella. Por supuesto que los cambios muchas veces nos incomodan, pero es necesario cambiar y las crisis nos ayudan –incluso a veces nos obligan– para eso.

Poder manejar el cambio en la crisis es lo que te proporcionará éxito. La crisis tal vez no fue ocasionada por ti, no tuviste responsabilidad en aquello que la desató, pero tienes que pasarla porque te está afectando. No te detengas en tu crisis. No la veas como un pozo sin fin, sino como un túnel que hay que atravesar, al final del cual te está esperando una nueva etapa.

• Crisis como "Oportunidad"

La palabra crisis se utiliza en Occidente para señalar el momento de transformación durante una enfermedad, que desemboca en un estado de empeoramiento o de mejoría del convaleciente. También se refiere a puntos de inflexión que indican momentos de inestabilidad en procesos históricos, políticos, económicos, relaciones de pareja, etc.

Sin embargo, en el idioma chino, la palabra crisis (*"wei-ji"*), se compone de dos ideogramas:

Wēi, traducido como *peligro*;

Jī, que se puede traducir como *oportunidad* o *chance*.

Este último significado deja sin efecto todo pronóstico de catástrofe en nuestras vidas. Te desafío a que pruebes

---

**La crisis no viene a destruir,
salvo que tú lo permitas.**

ver la crisis de esta forma, como una oportunidad. Si esta semana te dicen: *"Están despidiendo empleados"*, en lugar de pensar: *"Mmm… ¿Qué estará pasando?"*, puedes decir: *"Oportunidad"*. Si te dicen: *"Hay mayor pobreza"*, tú dices: *"Oportunidad"*. Recuerda que la clave reside en cambiar tu forma de ver las cosas.

Ahora mismo puedes declarar: *"No le tengo miedo a la crisis porque mi fe es más grande"*. Hablemos de fe: el nombre que le pongas a algo, vendrá a ser la realidad de ese algo. Lo que signifique una cosa para ti, va a determinar tu respuesta para con esa cosa.

Un día, Jesucristo estaba en una barca. De repente sucedió una crisis, una tormenta. El Maestro dormía, así que los discípulos comenzaron a reclamarle: *"Pero, ¿no ves que nos hundimos?"*. Seguramente muchos pueden identificarse con esa pregunta… O con preguntas similares: *"¿No ves la crisis?"*, *"¿No ves el desempleo?"*, *"¿No ves la pobreza?"*… Ese es nuestro problema: creemos lo que vemos. Jesús les contesta con una pregunta: *"¿Dónde está vuestra fe?"*.

Fe es creencia, o sea, lo que Jesús les preguntó fue: *"¿Dónde está vuestra creencia?"*, porque la fe nunca es probada en tiempos buenos.

¿Por qué Jesús no se asustó durante la tormenta? Jesús no comenzó a repetir: *"No hay tormenta, no hay tormenta"*. Porque la fe no niega la realidad. Lo que ocurría es que Él conocía su propósito: Él sabía que iba a morir en la cruz, no ahogado. Te comparto esta clave: **el propósito te mantiene firme en medio de la tormenta.**

Tener claro tu propósito y caminar hacia él hará que los obstáculos provoquen crecimiento y fortaleza, en lugar de detenerte. Por eso, no vivas por lo que lees, sientes o te dicen, sino por lo que crees. Ten en cuenta que, como mencioné antes, la fe no es negar la realidad, sino que ella te da la respuesta a esa realidad. Tu respuesta a la crisis estará determinada por lo que sabes y por lo que crees.

• Crisis como "Fuente de creatividad"

No puedes crecer cuando todo va bien siempre. No hay nuevos inventos si no hay una crisis previa. Cuando no tienes lo que deseas, es tiempo de creatividad. **Crisis requiere creatividad**. En una situación crítica nacen la inventiva, los descubrimientos y las grandes estrategias. Aunque te parezca paradójico, la crisis te hará un favor. Nuevos negocios y nuevas ideas están a punto de surgir gracias a esta crisis que estás atravesando.

¿Desanimado con un resultado? Tómate un descanso y fíjate hasta dónde has llegado y cuánto has logrado. Te sorprenderás.

Deja de pensar en lo que te falta y celebra lo que ya tienes. Celebrar lo poco nos acerca a lo mucho. Recuerda que las cosas no traen la felicidad, la felicidad trae las cosas. Ten presente que todo tiene su tiempo. No te quedes haciendo duelo toda tu vida. Recuerda que todo es temporal.

> **Tener claro tu propósito y caminar hacia él hará que los obstáculos provoquen crecimiento y fortaleza, en lugar de detenerte.**

Siempre habrá día y habrá noche. Si tú estás transitando la oscuridad, debes saber que lo que sigue es el día.

Olvídate de la frase *"la vida es una lucha"*. Considera lo que haces como un juego. Recupera tu parte infantil, sal a caminar bajo la lluvia en lugar de maldecirla. Lleva ese estado de ánimo a todas partes. Compártelo con tus conocidos, tendrás más posibilidades de incrementar tu lista de amigos.

Este principio es un fundamento para el cambio que buscas: tu fe no debe ser fe *"de día"*, sino fe que funcione de día y de noche. Por eso en el día, aliméntate. Rodéate de buenos amigos; ten un mentor que te desafíe; lee buenos libros. Las crisis no desarrollan tu carácter, simplemente lo revelan. No son los problemas los que te moldean; ellos muestran quién eres verdaderamente. A través de las crisis, descubrirás cualidades que tú desconocías poseer.

Réstale dramatismo a tu crisis. No busques la salida afuera, sino adentro. Las herramientas necesarias están dentro de ti. ¡**Libéralas**!

Las crisis no desarrollan tu carácter, simplemente lo revelan. No son los problemas los que te moldean; ellos muestran quién eres verdaderamente.

Claves para liberar tu poder

- **Motivación** es aquello que **activa y dirige nuestro comportamiento**. Es la fuerza interna que nos impulsa a realizar acciones y mantenernos firmes hasta obtener algo que nos interesa.
- **Motivación = Motivo + Acción**
- **Motivación = Destino + Camino**
- Motivación es simplemente *"encontrar un motivo para la acción"*. **No hay motivación sin un motivo** que nos lleve a accionar. **No hay motivación si no hay un destino que nos haga recorrer un camino.**
- Tu motivación **depende de ti**. Eres tú quien debe descubrir cuál es tu motivo, cuáles son tus deseos, tus ambiciones, tus anhelos.
- Mucha gente asiste a conferencias y exposiciones para ser motivado. Muchas empresas buscan la forma de motivar a su gente. **Pero la motivación nunca proviene de afuera**. Nace del interior. Es una decisión personal. Los líderes no buscamos motivar sino **servir de inspiración**. Y lo hacemos al liderar con responsabilidad y competencia. Pero eres tú quien debe encontrar su motivo para la acción.
- No esperes que otro te empuje para alcanzar tus metas. No son las voces de afuera las que te impulsarán, son tus voces internas. Es lo que te dices cada día. **Recuerda que tus pensamientos condicionan tus acciones.**

- Por eso podríamos reemplazar el concepto de motivación por el de **automotivación**. Automotivarse es darse uno mismo las razones y el interés para actuar. Es **gestionar tus emociones para que se transformen en un motor potente.**

- Tu automotivación necesita ser alimentada y fortalecida. Ten presente cada día el *"para qué"* haces lo que haces. ¿Qué es lo que te mueve?

- Mírate a ti mismo como la causa de tu éxito. La automotivación te lleva al **autoconocimiento**: te descubres, conoces, experimentas, y todo esto alimenta aún más tu motivación.

- Tú eliges si el momento actual es **amenaza** o si es **oportunidad**. Oportunidad para crecer, desarrollarme, soltar potencial. **Cuando lees amenaza, tienes miedo a perder. Cuando lees oportunidad, piensas en ganar.**

- Cada oportunidad exige actuar. **Apóyate en ti mismo.**

- Aprende a **liderar tu poder** personal para transformar tu presente y construir tu futuro.

Capítulo 12

La Rueda
de la Vida

La **Rueda de la Vida** es un símbolo que refleja las áreas más significativas de nuestra vida. Es una herramienta poderosa que nos permite tener una visión global y clara del grado de satisfacción que tenemos en cada una de las áreas que la componen. Nos permite situarnos en nuestro presente, evaluar nuestra posición actual y equilibrio vital e inmediatamente percibir cuáles son las áreas sobre las que debemos tomar decisiones.

Cada porción representa algunos de nuestros intereses de vida, los que consideramos relevantes y significativos. Sin importar el orden, y a manera de ejemplo, podemos mencionar:

- **Trabajo**: la actividad que desempeñamos y por la que percibimos una remuneración.
- **Desarrollo Personal**: nuestra capacidad de cultivarnos y seguir aprendiendo (estudios, formación, cursos).

- **Familia**: nuestra relación con nuestra pareja, hijos, padres, hermanos, etc.
- **Relaciones personales**: nuestra capacidad de comunicarnos y generar vínculos maduros, nutritivos (pareja, amistades).
- **Economía**: la administración de nuestras finanzas y bienes personales.
- **Tiempo libre y para la recreación**: nuestra capacidad de generar espacios de placer o relajación (hobbies, viajes, diversión).
- **Salud y estado físico**: todo lo que hacemos para cultivar un estado de salud adecuado que nos permita estar y vernos saludables para sentirnos mejor con nuestro cuerpo (ejercicio diario, alimentación, descanso, etc.).

Estas áreas se relacionan entre sí de manera interdependiente: una crisis de pareja puede afectar mi trabajo; una caída en mi economía puede afectar mi tiempo libre, etc. Si nuestra atención se enfoca exclusivamente en una sola área, sin prestar atención a las demás aéreas de nuestra vida, pronto nos daremos cuenta de que ésta se ha vuelto desequilibrada.

No estamos destinados a realizar nuestros sueños a costa de perder los seres queridos, perder la salud, los vínculos, la cordura.

Necesitamos vivir de manera más inteligente, no más ardua. No tiene que llegar el momento en que digamos *"no doy más… necesito vacaciones"*. En atletismo es tarde cuando tenemos sed, necesitamos ir bebiendo en el camino.

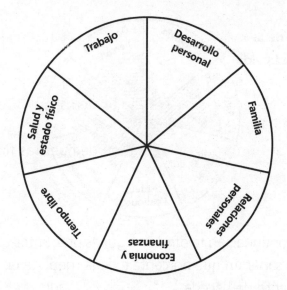

¿Cómo hacer tu propia rueda de la vida?

En una escala del 1 al 100 (donde 1 será el nivel más bajo y 100 el más alto) indica un porcentaje de satisfacción.

El centro de la rueda lo puntuamos en cero, los bordes en cien.

En esa escala, del 1 al 100, *¿cuán satisfecho te sientes en esta área en este momento de tu vida?* Es decir, ¿qué calificación le das a tu actual nivel de satisfacción en esa área? Cuando lo sepas, dibújalo. Es una respuesta subjetiva, es tu **percepción de satisfacción**.

Repite lo mismo con cada una de las áreas. Por ejemplo, para los afectos: en la escala del 1 al 100, *¿cuán satisfecho te sientes en este momento de tu vida?* Cuando lo sepas, márcalo en la rueda.

Necesitamos vivir de manera más inteligente, no más ardua.

Ejemplo de la rueda de la vida

A continuación te ofrezco algunas preguntas que te facilitarán saber en qué porcentaje de la rueda te encuentras al momento de hacerla:

- **Trabajo**
¿Te sientes a gusto con lo que haces?
¿Te sientes reconocido?
¿Se valora tu desempeño laboral?
¿Dónde y cómo quisieras desenvolverte en un futuro?

- **Desarrollo personal**
¿En qué área quisieras aumentar tus conocimientos?
¿Estás postergando terminar algún estudio o iniciar algún curso?
¿Con qué frecuencia lees libros que te instruyen?
¿Cuándo fue la última vez que asististe a un congreso de capacitación?

- **Familia**
¿Te sientes satisfecho con la relación que tienes con tu pareja, con tus hijos, con tus padres y tus hermanos?
¿Sientes confianza en tus relaciones?

• Relaciones personales

¿Estás satisfecho con tu círculo social?

¿Te resulta fácil relacionarte con los demás?

¿Deberías rodearte de mayor cantidad de gente a tu alrededor?

• Economía y finanzas

¿Estás conforme con tu nivel actual de ingresos?

¿Te permiten llevar el nivel de vida que deseas?

¿Te sientes agobiado por las deudas?

¿Estás satisfecho con tu capacidad de ahorro?

• Tiempo libre y para la recreación

¿Te permites disponer de tiempo y espacio para tus aficiones?

¿Consideras que deberías tener más tiempo libre?

¿Disfrutas de no hacer nada?

• Salud y estado físico

¿Estás contento con tu actual estado de salud, energía y actividad física?

¿Necesitas tener hábitos más saludables?

¿Cuándo hiciste tu último chequeo médico general?

¿Estás listo para comenzar?

¡Adelante con tu Rueda!

Una vez que hayas fijado el porcentaje correspondiente en cada área, podrás observar que dentro de la rueda original quedó configurada otra rueda. Esa rueda no es ni mala ni buena. Es tuya y representa tu **percepción de satisfacción** en este momento de tu vida. Seguramente cuando la hagas la próxima vez, los resultados serán diferentes. La que hoy tienes representa tu aquí y ahora.

Sin embargo, la idea es que la rueda, ruede. Imagínate si tu rueda fuese la rueda de una bicicleta, *¿podrías subirte a ella y circular tranquilo? ¿Cómo te resultaría ese paseo? ¿Sería cómodo o andarías a los tumbos?* Tu rueda de la vida no está allí para que te lamentes o te deprimas. Tu rueda de la vida está allí para que asumas tu protagonismo en la modificación de las áreas en las que no te sientes pleno.

Ahora que has leído estas aclaraciones, te pido que vuelvas a observarla y respondas por escrito las siguientes preguntas:

- ¿Qué ves?
- ¿Qué dice esta rueda de ti?
- ¿Qué más dice?
- ¿En qué área estás poniendo tu mayor energía?
- ¿En qué área estás poniendo tus mayores recursos financieros?
- ¿En qué área se hallan tus metas más importantes?
- ¿Qué áreas están limitando a otras áreas?
- ¿Qué relación observas entre la satisfacción que sientes y el tiempo que le dedicas a esa área?

> **Tu rueda de la vida está allí para que asumas tu protagonismo en la modificación de las áreas en las que no te sientes pleno.**

- ¿Qué áreas necesitan que te enfoques más en ellas?
- ¿Qué áreas necesitan que te enfoques menos en ellas?
- ¿Cuán satisfecho estás en general con tu rueda de la vida?

Es muy útil preguntarnos periódicamente cuán felices y plenos nos sentimos con la vida que llevamos en general y/o en alguna área en particular. Evitar este balance o hacernos los ocupados o los distraídos no es buen negocio para nosotros.

Equilibrar es hacer que una cosa no prevalezca sobre otras. El arte de equilibrar nuestra vida es algo único y personal. **Yo decido lo que me sirve y lo que necesito para mí**. El equilibrio emite señales. Se nota que vivimos en equilibrio en nuestra mirada, en nuestra voz, en nuestras reacciones. El desequilibrio también emite señales, **¡también se nota!** En nuestra mirada, en nuestra voz, en nuestras reacciones.

Nos sentimos desequilibrados cuando tenemos exceso o carencia de plenitud en alguna o varias de las áreas. Nos sentimos vacíos o insatisfechos, cuando estamos comprometidos con una sola área y dejamos sin desarrollar las restantes. Por supuesto que hay épocas en las que ponemos más énfasis en una porción que en otra. Si te encuentras rindiendo finales en la facultad, si acabas de ser madre o padre, si te has incorporado a un nuevo equipo de trabajo, etc., las áreas reflejarán ese desequilibrio. Lo importante es tomar conciencia de que ese desequilibrio es circunstancial, que seguimos siendo responsables de nuestra vida, protagonistas y no espectadores.

¿Qué causas internas nos impiden lograr el equilibrio? ¿Qué nos mantiene en el desequilibrio?

Tal vez nuestros **miedos**: nos atemoriza la incertidumbre, salir de lo conocido, de nuestra zona de confort a lo desconocido.

Tal vez nuestras **creencias limitantes**, esas percepciones que condicionan nuestra observación y relación con la realidad. Son como un freno de mano que nos impide liberar nuestro potencial.

Tal vez nuestra **ausencia de compromiso**. Siempre estamos comprometidos con algo, no existe el **no compromiso**. En este caso, estamos comprometidos con otra cosa y no con lo que queremos modificar.

Tal vez la **repetición de modelos familiares**, es decir, de patrones de comportamiento disfuncionales que se reiteran en nosotros.

Las que siguen son algunas **preguntas para volver al equilibrio**:

- ¿Cuáles son tus miedos a experimentar cambios que te lleven al equilibro?
- ¿Cuáles son las creencias limitantes que te están frenando?
- ¿En qué áreas no estás comprometido? ¿Qué resultados te trae esto?
- ¿En qué áreas estás repitiendo hábitos familiares? ¿Cuáles son esos hábitos?

Cuando vivimos en equilibrio experimentamos **las 4 P**:

- **Placer**: una sensación agradable por y en todo lo que hacemos.
- **Plenitud**: nos sentimos completos, llenos.
- **Pasión**: vivimos con intenso entusiasmo.
- **Propósito**: encontramos sentido de vida y trascendencia.

Si diseñamos un plan de vida y generamos las acciones que lo sostengan, que nos permitan desarrollarnos en nuestro trabajo, cuidar de nuestra salud, nutrir nuestras relaciones personales, etc., entonces sentiremos placer, plenitud, pasión y propósito.

Recuperar el equilibrio requiere de una **toma de conciencia**, un **cambio actitudinal** y una **batería de acciones**.

- **Una toma de conciencia**, un darnos cuenta. Tomas conciencia de lo que te posee para ser tú quien lo posea. La felicidad no se desea ni se encuentra, se construye. Asumir esa responsabilidad implica declarar *"me hago cargo de mi vida"*.
- **Un cambio actitudinal**, que equivale a distinguir para decidir. Cuando descubrimos algo, nos preguntamos: *"¿Qué voy a hacer con eso?"*. Tenemos la oportunidad y el poder de cambiar las cosas que no nos gustan o nos impiden seguir desarrollándonos o alcanzar nuestros proyectos.

La felicidad no se desea ni se encuentra, se construye.

- **Una batería de acciones**. Acción no es solamente algo que una persona hace, es algo que nos hace, nos transforma. Acciones que nosotros mismos elegimos hacer de manera sostenida. Toda acción que emprendemos necesita que se sostenga en el tiempo, no es efectiva si tan solo es ocasional o temporal. Si no nos mantenemos firmes en el pensamiento y en la acción, volveremos al punto cero.

Te propongo ahora que juntos realicemos el siguiente ejemplo.

Completa cada ítem, aunque te parezca redundante o sencillo. Lo que estamos haciendo es, además de darle forma al objetivo, grabándolo en el subconsciente.

- **Elección del área**

Elige un área de la rueda de tu vida. Que sea una que consideres que te resultará fácil abordar, así el resultado inicial te inspirará a seguir motivado.

El porcentaje de satisfacción que marqué en esa área es ...

....

Elegí esa área porque..

....

Observando esa área, lo que dice de mí es que..................

....

El porcentaje de satisfacción que quisiera tener es............

....

• Objetivo

Se trata de esclarecer aquello que quieres. Completa ahora:

Lo que quiero que suceda en esa área es.........................

....

Los beneficios que me traerá alcanzar ese objetivo son los siguientes...

....

Ahora, vuelve a escribir tu objetivo completando las siguientes oraciones:

Yo sé que puedo..

Yo me merezco..

Yo me permito...

• Tiempo
¿Cuándo quieres lograr tu objetivo?

Quiero lograr mi objetivo el ....

....

• Comprobación
¿Cómo sabrás que lo has logrado?

Me daré cuenta de que lo logré porque ....

....

Los demás se darán cuenta de que lo logré porque ....

....

Cuando lo logre, me voy a decir lo siguiente ....

....

Mis seres queridos van a decirme lo siguiente ....

....

• Recursos

Son el conjunto de bienes de los que dispones para lograr tu objetivo.

Lo que necesito para lograr mi objetivo es.........................

....

Para lograrlo cuento con los siguientes recursos (materiales, internos, afectivos, etc.) ....

....

Si necesito ayuda, cuento con...

....

....

El costo de alcanzar mi objetivo es ....

....

....

¿Estoy dispuesto a pagarlo?...

....

....

Chequeo ecológico
Es decir, cómo se verá afectado tu entorno.

Cuando lo logre, pasará que..

....

¿Esto me pesa? ....

....

• Plan de Acción
Son las acciones que realizarás para alcanzar lo que te propusiste.

Las acciones que realizaré son.....................................

....

....

....

....

....

....

De las actividades que en la actualidad estás llevando a cabo:
Voy a intensificar (hacer más) lo siguiente............................

....

....

Voy a hacer menos de lo siguiente..

....

....

Voy a dejar de hacer lo siguiente..

....

....

La acción que voy a hacer hoy mismo es la siguiente..........

....

....

¡Felicitaciones!
Tu rueda de la vida ya comenzó a girar.

Inspírate con las palabras de Albert Einstein: *"La vida es como andar en bicicleta. Para mantener el equilibrio, debes mantenerte en movimiento"*.

Claves para liberar tu poder

- La **Rueda de la Vida** es la representación global de las áreas más importantes que integran la vida de una persona. Nos permite tomar conciencia de qué es a lo que le estamos dando prioridad en el momento actual, qué estamos dejando a un lado y dónde nos focalizaremos de aquí en adelante.
- **Balancear** es buscar el equilibrio; integrar de manera dinámica y armónica las áreas más significativas de nuestra vida.
- **Equilibrar** es poner en equilibrio una cosa; hacer que una cosa no prevalezca sobre otras, manteniéndolas proporcionalmente iguales.
- **Armonía** es equilibrio, proporción y correspondencia adecuada entre las diferentes cosas de un conjunto.
- Una persona **extremista** es aquella que es partidaria de ideas o actitudes extremas.
- Las posibles áreas para tener en cuenta al momento de realizar tu rueda de la vida son: amigos, carrera, casa, comunidad, crecimiento personal, descanso, espiritualidad, familia, finanzas, imagen personal, ocio, pareja, relaciones sociales, salud, sexualidad, trabajo, viajes.

Querido Lector

Por lo general, cuando terminamos de leer un libro, de ver una obra de teatro o una película que nos impactó, nuestra primera expresión es *"me gustó mucho"*.

Por supuesto que mi deseo es que este libro te haya gustado. Pero resultaría incompleto conformarme solo con esto.

A través de las páginas de este libro, quise caminar contigo los primeros pasos del puente que conecta tu vida actual con tu vida deseada.

Durante la travesía conversamos, entre otros temas, acerca de tus metas (tus sueños y proyectos), tus comportamientos (tu estar haciendo), tus recursos (los que tienes, los que no sabías que tenías y los que puedes incorporar), tus saberes (lo que conoces y lo que desconoces), tus valores (lo que verdaderamente es importante para ti), tu identidad (tu "quién estás siendo" y tu "quién quieres ser"), tu aporte al mundo (tu "para quién" y "para qué"). Todos estos son temas clave para la transformación.

Convertirte en líder es una forma de transformarte siendo tú mismo.

Si disfrutaste del viaje. Si cada conversación fue incrementando tu entusiasmo. Si comenzaste a diseñar nuevas y apasionantes posibilidades de futuro. Si soñaste, entonces quien puede decir *"me gustó"* soy yo.

Bibliografía

Anzorena, Oscar, *Maestría personal*, Ediciones Lea, Buenos Aires, 2015.

Bandler, Richard, *Use su cabeza para viajar*, Cuatro Vientos Editorial, Chile, 2011.

Bandler, Richard y John Grinder, *La estructura de la magia*, vol. II, Cuatro Vientos Editorial, Chile, 2008.

Barna, George, *Grandes Líderes*, Tyndale House Publishers, USA, 2008.

Canfield, Jack y otros, *El poder de mantenerse enfocado*, HCI Español, Florida, 2000.

Canfield, Jack, *Los principios del éxito*, Harper Collins, USA, 2005.

Dilts, Robert, *Creación de modelos con PNL*, Urano, Barcelona, 2008.

Dilts, Robert, *Coaching. Herramientas para el cambio*, Urano, Barcelona, 2004.

Echeverría, Guillermo, *Cómo hacer que las cosas pasen*, Ediciones B Argentina, 2012.

Echeverría, Rafael, *La empresa emergente*, Granica, Buenos Aires, 2013.

Echeverría, Rafael, *Escritos sobre aprendizaje*, Granica, Buenos Aires, 2017.

Echeverría, Rafael, *Ontología del lenguaje*, Granica, Buenos Aires, 2007.

García, Jaime y Manuel Manga, *Inteligencia relacional*, Vergara, Chile, 2011.

Jennings, Jason, *Piense en grande, actúe en pequeño*, Norma, Colombia, 2006.

López Rosetti, Daniel, *Emoción y sentimientos*, Planeta, Buenos Aires, 2017.

Márquez, Lucas, *La mejor versión de ti mismo*, Vergara, Argentina, 2012.

Maxwell, John, *Las 15 leyes indispensables del crecimiento*, Casa Creación, USA, 2013.

Maxwell, John, *Las 21 Leyes irrefutables del Liderazgo*, Grupo Nelson, USA, 2007.

Mesiti, Pat, *Actitudes y altitudes, Taller del Éxito*, USA, 2010.

Monterrey, Lilian, *Guíese por sus instintos*, Monterrey Pub. Inc., USA, 2002.

Newberry, Tommy, *El éxito no es casualidad*, Tyndale House Publishers, USA, 2008.

O'Connor, Joseph y Andrea Lages, *Coaching con PNL*, Urano, Barcelona, 2005.

Rojas, Enrique, *No te rindas*, Planeta, Buenos Aires, 2012.

Samsó, Raimon, *Súper Coaching para cambiar de vida*, Conecta, Barcelona, 2014.

Scott, Steven, *Pasos simples hacia sueños imposibles*, VS Ediciones, España, 2001.

Sharma, Robin, *Guía de la grandeza*, Grijalbo, México, 2007.

Stamateas, Bernardo, *Resultados Extraordinarios*, Ediciones B Argentina, 2007.

Tracy, Brian, *Máxima eficacia, Empresa Activa*, Barcelona, 2003.

Índice